Reinhard Delau

Morde, Skandale, Gier

– Heikles aus Sachsen –

TAUCHAER VERLAG

Delau, Reinhard:
Morde, Skandale, Gier
– Heikles aus Sachsen –
1. Aufl. [Taucha]: Tauchaer Verlag 2015
ISBN 978-3-89772-258-3

Satz und Gestaltung: Nancy Dösinger
Herstellung: Neumann & Nürnberger Leipzig GmbH
Druck und Binden:
Tesinska Tiskarna, a. s.

ISBN 978-3-89772-258-3

Inhalt

Mit Schwert, Schild und List zur Mark Meißen

Die Mark Meißen um 1115. Die Elbe floss durch liebliche Täler, vorbei an Felsen und Höhenzügen. Winzige Dörfer duckten sich an den Ufern. Besetzte Burgwarde sicherten eroberte Territorien und Grenzen gegen die Slawen, die zurückgedrängt wurden. Freie Bauern aus Franken, Sachsen und Flandern rodeten Wälder und legten Dörfer an. Frühstädtische Kaufmannssiedlungen bildeten sich allmählich heraus. Das Land östlich der Elbe, Saale und Mulde war aufregend. Es bot Chancen für Tüchtige und Wagemutige, Arbeitsame und Missionare. Abenteurer und Halunken suchten ihr Glück. Klöster trachteten nach Landbesitz, Mönche brauten Bier und stritten im Slawenland um verirrte Seelen. Wälder bedeckten Ebenen und Berge. Es gab im Osten noch

Albrechtsburg Meißen.

Heinrich I.

keine festen Herrschaftssitze. Könige und Markgrafen zogen von Lager zu Lager, auch von Burg zu Burg, die sehr unwirtlich waren. Dort hielten sie sich meist längere Zeit auf und kamen ihren Geschäften nach. Dresden, Leipzig, Pirna, Freiberg, Chemnitz und Plauen bestanden noch nicht als Städte. Die Burg Meißen, anfangs eine einfache Befestigung aus Holz und Palisaden, von Heinrich I., dem ersten deutschen König (um 875-936), auf dem Berg über der Elbe errichtet, hatte die erbitterten Kämpfe »um die Marken im Osten des Reiches« erfolgreich überstanden (Hans-Joachim Mrusek, Meißen, S. 17). Der Begriff Mark, althochdeutsch mar(a)g bezeichnete ein Grenzland.

Die Mark Meißen, die seit der Gründung der Burg Meißen eine bevorzugte strategische Stellung an der Elbe besaß, war früh stark umkämpft, ehe sie in den Besitz der Wettiner gelangte. Bereits vor ihnen fanden an der Elbe, Weißen Elster, Zwickauer Mulde, Saale und im Dresdner Elbtal Kämpfe statt. Polen und Böhmer fielen in das Land ein, plünderten Meißen. Zeitweilig war die Mark Meißen böhmisches Lehen (geliehenes Königsland). Ekkehard I., ein Herrscher vor den Wettinern, vom Kaiser Otto zum Markgrafen von Meißen erhoben, wurde von seinen Gegnern 1002 ermordet. Danach wurde Heinrich I. von Eilenburg als erster Wettiner mit der Mark Meißen belehnt.

List, Übervorteilung, Mord, Rückschläge und kriegerisches Geschick standen am Anfang der wettinischen Machtergreifung. Wer nicht zur rechten Zeit zuschlug, hatte das Nachsehen. Markgraf Konrad, später der Große genannt, der aus bescheidenen Verhältnissen stammte, schien das früh begriffen zu haben. Anfangs saß er auf einem Landfleck nahe der Saale bei Weißenfels. Sein Aufstieg ist beispielhaft für Entschlossenheit und Rigorosität. Hinzu kam, dass er Glück hatte. Es war das Glück eines Tüchtigen, Ruhelosen, Wagemutigen.

Erbschaften vermehrten seinen bescheidenen Besitz. Der Tod einer Herrscherlinie brachte ihm weiteres Land ein. Bald folgten neue Erbschaften. Das gab Konrad Sicherheit und Gewicht. Unzufrieden mit seinem Rang, warf er einen Blick auf die Mark Meißen. Sie roch gut, sie lockte, sie war besiedelt. Aber sein Vetter Heinrich II., der Sohn Heinrichs von Eilenburg, hatte sie geerbt. Er war der Markgraf von Meißen und wollte es bleiben.

Heinrich II. entging Konrads Appetit nicht. Spannungen und Feindseligkeiten kamen auf. Konrads Mannen setzten eine Geschichte in die Welt, um Heinrich II. zu verteufeln. Sie behaupteten, er sei ein uneheliches Kind, habe demnach keinen Erbanspruch auf die Mark. Der Mutter wurde unterstellt, dass sie mit einem Federkissen eine Schwangerschaft vorgetäuscht hätte. Als dies nicht fasste und ihr Kind geboren wurde, hieß es, dass sie ein Mädchen zur Welt gebracht und es heimlich gegen einen Jungen ausgetauscht habe. Beide hetzten ihre Krieger aufeinander. Das Gemetzel ging schlecht für Konrad aus, er unterlag. Zu fliehen misslang. Heinrich setzte Konrad auf der Feste Kirchberg bei Jena fest. Er wurde in Ketten gelegt, auf ein eisernes Gestell gebunden und gequält. Die Hinrichtung schien ihm sicher. Bald geschah Ungewöhnliches. Sein Vetter Heinrich II. zeigte plötzlich eine außergewöhnliche Milde. Vielleicht hatte es ihm Gott im Traum befohlen. Konrad behielt seinen Kopf. Das geschah 1121. Seine weiteren Versuche, Heinrich zu entkommen, schlugen fehl. 1123 wurde Heinrich II. vergiftet. Ob Konrad die Hand im Spiel hatte, ist nicht bekannt. Morde werden nicht dokumentiert.

Sofort beanspruchte Konrad Heinrichs Mark und die Ostmark (Niederlausitz). Beide aber holte sich König Heinrich V. als erledigtes Lehen zurück und vergab es an Wiprecht von Groitzsch, der ihm treu zur Seite gestanden hatte. Das war durchaus rechtens, denn die Markgrafschaft Meißen war altes Königsland. Das hatte Konrad nicht erwartet. Jetzt aber zeigte sich, wozu er in der Lage war. Er schlug sich auf die Seite des Königsgegners Lothar von Süpplingenburg. Wiprecht wurde vertrieben. 1125 wählten die Gegner Heinrichs V. Lothar zum deutschen König, auch Konrad hob sein Schwert. Eine geschichtliche Entscheidung von großer Tragweite kam zustande. König Lothar belehnte den Wettiner mit der eingezogenen Mark Meißen. Seitdem gilt Konrad als der eigentliche Begründer der wettinischen Herrschaft in der Mark Meißen (1123-1156). Aus seiner Hausmacht ging »später der meißnisch-sächsische Staat« hervor (Rudolf Kötzschke, Sächsische Geschichte, S. 74). Schwert, Treue, Verleumdung und Kampf entschieden im meißnischen Raum für Konrad. Nicht Gott hatte ihn in den Fürstenstand gesetzt, sondern er selbst hat sich dazu erhoben. Sachsenhistoriker Karlheinz Blaschke zitiert aus einem Schreiben, das Konrad an Papst Innozenz II. gerichtet hat. Darin bezeichnet sich der Wettiner »als durch Gottes Gnaden unter den Fürsten Sachsens alleiniger Besitzer und Beschützer der meißnischen Mark« (Blaschke, Der Fürstenzug zu Dresden, S. 63). Offenbar war er überzeugt, dass ihm Gott seine Macht zugestanden hatte. Das war kühn. Aber so etwas glaubten Fürsten schon damals.

Konrad der Große.

Hat Konrad später sein Handeln bereut, gar um sein Seelenheil gebangt? Er, der weder Blutvergießen noch Kampf gescheut hatte, legte am 30. November 1156 Waffen und Rüstung im Meißner Dom ab, zog das geistliche Gewand an und wurde Laienbruder im Augustiner-Chorherrenstift auf dem Petersberg bei Halle, das er mitbegründet hatte. Hier wurde er auch bestattet.

Was er zusammen gerafft hatte, übergab er seinen fünf Söhnen als Erbe. Und das war beträchtlich. Die Niederlausitz, das Land Bautzen, den Dresdner Elbtalkessel und die

Groitzscher Eigengüter an Saale, Weißer Elster und Zwickauer Mulde wurden geteilt. Ältere Historiker zeichneten Konrad mit »der Große« aus. Und als »Großer« reitet er als erster Wettiner auf dem Dresdner Fürstenzug, die Arme segnend erhoben. Wie er wirklich ausgesehen hatte, ist nicht bekannt. Wilhelm Walther, der Schöpfer des Dresdner Fürstenzugs, erfand Gestalt und Aussehen. Konrad als Großen zu bezeichnen ist vermessen, denkt man an die Bedeutenden der Weltgeschichte: an Alexander den Großen, Cäsar, Karl den Großen, Karl den V., Napoleon Bonaparte. Aber dafür kann Konrad nichts. Freilich wird damit sichtbar, dass man schon sehr früh Sachsen, Sachsen über alles feierte, obschon es diese Bezeichnung für das spätere Kurfürstentum Sachsen noch nicht gab. Walthers Fürstenzug in Dresden ist ein einziger Lobgesang auf das Haus Wettin. Devote Fürstenverehrung feierte im letzten Drittel des 19. Jahrhunderts unentwegt Höhepunkte. Sie ist wieder sehr aktuell im Freistaat Sachsen. Die Rückkehr des Denkmals des ersten sächsischen Königs Friedrich August I. auf den Dresdner Schlossplatz lässt die alt- und neusächsischen Royalistenverehrer frohlocken.

Gier auf Silber

Otto der Reiche (1156-1190) erbte die Markgrafschaft Meißen von seinem Vater Konrad dem Großen. Auch der Sohn war – wie sein Vater – ein frommer Mann. Um sein Seelenheil zu sichern, stiftete er den Zisterziensermönchen das Kloster Altzella bei Nossen. Er stattete es mit einem ansehnlichen Stück Land aus, das er vorher auf eigene Kosten hatte roden lassen. Dafür sollten sie für ihn beten, falls er doch etwas Böses beginge. Kaum, dass die Mönche das Land in Besitz genommen hatten, wurde bei Christiansdorf (später Freiberg) Silbererz entdeckt. Sehr schnell erwies sich, dass es reichlich vorhanden war. Ausgerechnet dieses Silberland

Klosterpark Altzella.

hatte Otto den Zisterziensern übereignet. Geschenkt war geschenkt. Das galt auch zu Ottos Zeit. Aber damit wollte er sich nicht abfinden. Sollte er zusehen, wie das Kloster zu Wohlstand gelangte und er, der Markgraf, leer ausging? Das war ganz und gar nicht in seinem Sinn.

Markgraf Otto, dem sächsische Historiker nicht allzu viel Entschlossenheit bestätigen, handelte in diesem Fall sehr energisch. Er wollte über den Silberschatz gebieten. Ein

Schacher mit den Mönchen begann. Sie lehnten die Rückgabe ab. Es nutzte ihnen nichts. Der Markgraf vergaß sein Seelenheil und entzog den Gottesmännern sein Geschenk. Sofort ließ er am Fundort einen Herrenhof errichten, um seinen Anspruch zu betonen. Das Zisterzienserkloster erhielt an anderer Stelle reichlich Land, ohne Silberadern. Keine feine Art eines Christenmenschen. Das Silbererz wurde bald mit großem Gewinn abgebaut. Es machte den Kurfürsten wohlhabend. Ihn interessierte nicht, dass er das Land unrechtens zurückgeholt hatte. Er erhielt jeden zehnten Teil des geschürften Erzes. Der Wettiner bekam den Beinamen Otto der Reiche, was er zweifellos geworden war. Freiberg, die Stadt auf dem freien Berge, entstand, von Otto kräftig gefördert.

Bald aber gab es wieder Zwist im Hause Wettin.

Giftmorde

Wirren, Feindschaft, Morde. Der Aufstieg der Wettiner zur frühen Machtentfaltung und die territoriale Sicherung ihres Besitzes waren mit Blut befleckt. Gelegentlich ging es in der Markgrafschaft Meißen zu wie im Alten Testament, als Kain seinen Bruder Abel auf dem Felde erschlug, weil dem Herrn das Lammopfer seines Bruders gefälliger gewesen war als seins, das aus Feldfrüchten bestanden hatte.

Zu heftigen Auseinandersetzungen um das Erbe kam es noch zur Herrschaftszeit des Markgrafen Otto. Dafür soll seine Frau Hedwig gesorgt haben. Ihre ganze Liebe gehörte ihrem jüngeren Sohn Dietrich (1195-1221). Sie wünschte, dass Dietrich der Jüngere die Mark Meißen erhält. Albrecht, der Ältere, auch der Stolze genannt (1190-1195), war nicht bereit, auf sein Erbe als Markgraf von Meißen zu verzichten. Als Otto Hedwigs Drängen nachzugeben schien, überwältigte Sohn Albrecht die Gefolgsleute seines Vaters und setzte ihn in der Reichsburg Döbern bei Grimma in Gefangenschaft. Erst das Machtwort Kaiser Friedrichs I. Barbarossa brachte dem Vater die Freiheit zurück. Aber der erzwungene Friede hielt nicht lange. Als sich Barbarossa ins Heilige Land aufmachte, brach zwischen den Brüdern erneut die alte Feindschaft aus. Wieder musste geschlichtet werden, wieder mit wenig Erfolg. Schließlich kam es zu Waffengängen. Heftige Kämpfe tobten um das Erbe. Albrecht missgönnte seinem Bruder Dietrich sogar den ihm zustehende Besitz um Weißenfels. Albrecht unterlag Dietrich nahe Eisleben. Verkleidet floh er nach Leipzig und sann auf Rache. Karlheinz Blaschke meint, dass Albrecht »zu den unrühmlichsten Gestalten in der langen Reihe der wettinischen Herrscher« gehört (Die Herrscher Sachsens, S. 20). Als er sich gar gegen Kaiser Heinrich VI. aufzulehnen begann, wurde er in Freiberg vergiftet. Wer ihm den Schierlingsbecher reichte, ist nicht bekannt. Ein Diener soll ihm das Gift in einen Becher gemischt haben. Hatte Dietrich die Hand im Spiel oder ein Königsanhänger oder der Kaiser? Auszuschließen ist dies nicht. Jedenfalls kam Dietrich der Tod seines Bruders Albrecht, der keine Nachkommen hatte, sehr gelegen. Dietrich, dem der Beiname der Bedrängte gegeben wurde, übernahm die Mark Meißen. Die allerdings machte ihm der Kaiser strittig und zog die Mark ein, die er als Reichslehen betrachtete. Sofort standen die Zeichen auf Sturm.

Nach weiteren Wirren und erfolgreichen Kämpfen Dietrichs vermochte er die Mark Meißen wiederzuerlangen. Aber auch er starb keines natürlichen Todes. Im Kloster Altzella, seiner Grabstätte, wurde behauptet, dass er von seinen Feinden vergiftet worden sei. Gift und Mord, Bruderkrieg und Vaterhass waren für die frühe Ausprägung der wettinischen Herrschaft charakteristisch. So kam ein Territorium zusammen, dessen Erwerb oft gegen jede Rechtsmaßstäbe verstieß.

Albrecht der Entartete

Sachsens Landeshistoriker sind sich einig. Der Landgraf Albrecht II., Sohn Friedrichs des Erlauchten, von 1265 bis 1307 Markgraf und Landgraf von Thüringen, war »entartet«. Auch Karlheinz Blaschke, der den sächsischen Adel sehr liebt und ihn wieder in Rang und Ehre sehen möchte, urteilt: »ein gänzlich mißratener Sohn«. Und weiter: »Sein Lebenslauf war eine einzige Abfolge von Gewalttaten, Aufruhr, Familienzwist, Friedensbruch, Ehebruch und Verschwendung. Unter ihm erlebte die wettinische Macht einen tiefen Verfall... (Die Herrscher Sachsens, S. 24).« Zuvor hatte schon Rudolf Kötzschke im frühen Standardwerk »Sächsische Geschichte« über Landgraf Albrecht geschrieben, dass er »nicht nach dem Wohle seines Hauses und seines Landes, sondern rücksichtslos in seiner steten Geldverlegenheit handelte«. Etwas zurückhaltender urteilt Jörg Rogge in »Die Wettiner«

Albrecht der Entartete.

über ihn: »Nach der – gegenüber Albrecht allerdings sehr kritischen – Überlieferung hat der Wettiner nicht den Frieden gesichert, sondern ihn durch seine Umtriebe gefährdet, kein Recht gesprochen, sondern es gebrochen... (Seite 82).« Auch der Gestalter des Dresdner Fürstenzugs Wilhelm Walther ließ es sich nicht nehmen, diesen Mann zu bestrafen. Als einzigem Wettiner billigt er ihm keine Kopfbedeckung zu. Und unter seinem sich wild aufbäumenden Pferd wächst eine Distel.

Wer war dieser Mann? Was wird ihm zur Last gelegt? Auch vor Albrecht gab es unter den Wettinern Gewalttaten, Mord, Aufruhr, Familienzwist, Bruderkampf sowie Verschwendung, wie bereits berichtet. Insofern ist Albrechts Willkür nicht allzu überraschend. Er war der Sohn Heinrichs des Erlauchten, des strahlenden Fürsten, des Pracht liebenden Markgrafen, des Mildtätigen, des Minnesängers. Aber Heinrich beging einen verhängnisvollen Fehler. Noch zu Lebzeiten wies er seinen Söhnen unterschiedlich große Herrschaftsgebiete zu. Albrecht wurde Landgraf von Thüringen, sein Bruder Dietrich Markgraf von Landsberg. Heinrich der Erlauchte, auch Frauenlob genannt, behielt nur die Mark Meißen und die Ostmark. Damit schwächte der Vielgerühmte das wettinsche Territorium (was auch Konrad der Große getan hatte). Heinrichs Wunsch, die Brüder in Eintracht leben und handeln zu sehen, erfüllte sich nicht. Wer an die Macht will, kann keinen anderen an seiner Seite dulden. Das scheint ein ehernes Gesetz zu sein.

Bereits 1268 soll Albrecht der Entartete seinen Bruder Dietrich, auch der Fette genannt, so gereizt haben, dass sie gegeneinander zur Feldschlacht antraten. Den Kampf verhinderte im letzten Augenblick der Naumburger Bischof. Bald danach begann gemeinsame Vatergegnerschaft.

Moralisten werfen Albrecht vor, dass er auf der Wartburg Hurerei betrieben, seiner Frau, einer staufischen Prinzessin, nach dem Leben getrachtete habe. Sie floh nach Frankfurt am Main. Dass die Markgrafen uneheliche Kinder zeugten,

Wartburg.

ist nichts Außergewöhnliches. Dies gelang auch Dietrich, dem Vater Heinrich des Erlauchten. Sein unehelicher Sohn wurde sogar Bischof von Naumburg. Nach dem Tode Heinrichs des Erlauchten (1288) brach erneut offene Feindschaft aus. Albrechts Verkauf von Landteilen empörte seine Söhne. Selbst Leipzig wollte er an Brandenburg veräußern. Die Söhne sahen sich um ihr Erbe betrogen. Heftig verboten sie ihm Besitzungen zu verkaufen, zu verpfänden oder zu verleihen. Schließlich nahmen sie ihren Vater gefangen und setzten Landzuweisungen durch. Als Albrecht gar Thüringen König Adolf von Nassau überlassen wollte und damit das wettinische Territorialgefüge über alle Maßen geschwächt hätte, zwangen ihn seine Söhne zur Abdankung. Ihr Hass war so groß, dass sie ihm die Grablege in einem der wettinischen Hausklöster verweigerten. Sein Leichnam wurde in Erfurt beigesetzt, völlig unbeachtet. Solche Unversöhnlichkeit sollten Fürsten, die sich »von Gottes Gnaden« eingesetzt sehen, nicht leben.

Mord in der Thomaskirche

Das Morden um Machtzuwachs, Besitz und Vorteil nahm kein Ende. Chronik und Überlieferung berichten über einen Mord in der Leipziger Thomaskirche. Der dritte Sohn Albrechts des Entarteten, Markgraf Dietrich III. von Wettin, auch Diezmann genannt, im Besitz der Niederlausitz, war 1307 mit wenigen Hofleuten und Dienern zur Frühmesse in der Thomaskirche erschienen. Er begab sich in den Chor. Dort kniete er nieder. Als Diezmann betete, stürzte ein Mann auf ihn zu und stach mit einem Dolch auf ihn ein. Drei Tage später soll der 47-jährige, der mit seinem Bruder Friedrich den Freidigen und Leipziger Bürgern gegen ein Kontingent

Thomaskirche in Leipzig.

des deutschen Königs Albrecht I. im Gefecht bei Luckau (Mai 1307) siegreich gekämpft hatte, den Verletzungen erlegen sein. Luckau brachte die Wende. Verloren gegangene Gebiete wurden von den Wettinern zurückerobert und der Anspruch der Zentralmacht, des Königs, auf Dauer zurückgewiesen.

Diezmanns Mörder wurde gefasst. In der Chronik von Johann Jakob Vogel heißt es: »Der Meuchelmörder, nachdem er ergriffen und peinlich befragt, ist erstlich mit Ruten gestrichen (gepeitscht), danach zur Walstadt geschleppt und unterwegs etliche Mal mit glühenden Zangen gerissen, endlich an Armen und Beinen gerädert und lebendig aufs Rad gelegt worden...« (Schneider, Leipzig, Streifzüge, S. 39). Wer den Mörder gegen Diezmann gedungen hatte, ist nicht bekannt. Vielleicht hatte König Albrecht I., aus dem Hause Habsburg die Hand im Spiel. Auch er wurde 1308 von seinem Neffen ermordet. Das Gewissen – sofern es vorhanden war – wurde nicht lange befragt, wenn es um Machtzuwachs ging.

Zwei Großfehler

Den frühen Wettinern fehlte es oft an vorausschauender Weitsicht. Sie vermochten meist nicht, familiäre Interessen und unterschiedliche Besitzansprüche einem großen Ganzen unterzuordnen. Auch nach Konrad dem Großen (1123-1156) erweiterten die Markgrafen mit wechselndem Erfolg ihr Territorium, hielten es zusammen. Zeitweise gingen Teile an Könige verloren, die immer wieder Reichslehen, also das geliehene Königsland, einzuziehen versuchten und insbesondere am Freiberger Silber interessiert waren. Meist gelang es den Wettinern, diese Territorien wieder zurückzuholen. Heinrich der Erlauchte zum Beispiel (1221-1288) kämpfte um die Landgrafschaft Thüringen. Der dortige hohe Adel widersetzte sich ihm. Aber der Markgraf wurde als Landgraf von Thüringen anerkannt. Damit kam er – wie die meisten sei-

Naumburger Dom.

ner Vorgänger - seiner Herrscherpflicht nach. Unter ihm erreichte das wettinische Territorium seine größte Ausdehnung (von der Wartburg bis in die beiden Lausitzen).

Knapp hundert Jahre nach seinem Tode kam es im November 1382 zu einem Großfehler. In Chemnitz wurden die wettinischen Lande geteilt. Wilhelm I., der Einäugige, Sohn des Markgrafen Friedrich des Ernsthaften (1323-1349), erhielt die Mark Meißen. Wer ihn auf dem Dresdner Fürstenzug sucht, wird ihn nicht entdecken, obwohl gerade er einiges für die Stadt getan hatte. Er führte Krieg um den Königstein, vertrieb den deutschen König Wenzel IV. und brachte das florierende Pirna und Gottleuba in seinen Besitz. Damit verschob er seine Grenze weiter gegen Böhmen nach Süden. Die Chemnitzer Teilung (1382) hatte schwerwiegende Folgen. Thüringen nahm hinfort seine eigene Entwicklung. 1410 begingen die Wettiner den nächsten Großfehler. In Naumburg wurde eine weitere Teilung der Mark Meißen vollzogen. Fünf Jahre später wurde wieder geteilt. Nein, die Wettiner hatten nichts dazu gelernt. Es sollte bald noch schlimmer kommen.

Als Dank den Kurfürstenhut

Sachsens militärische Unternehmungen gingen meist tragisch aus. Sie brachten den Bewohnern Not, ja Tod. Dies wird sich bis zur Niederlage Sachsens an der Seite Preußens 1806 bei Jena gegen Napoleon und im Deutschen Krieg mit Österreich gegen Preußen einige Male wiederholen. In Böhmen brodelte es. Der deutsche König Sigismund war wortbrüchig geworden. Er hatte dem Reformator Jan Hus, der gegen die Verweltlichung der Kirche und die Ablassbulle auftrat, freies Geleit zum Konzil in Konstanz zugesichert. Aber die katholische Kirche verhaftete und verbrannte ihn

Friedrich der Streitbare.

1415 wegen Ketzerei. Dies empörte das Volk. Es feierte Hus als Märtyrer und wandte sich gegen die Obrigkeit. Hussens Anhänger hofften, den meißnischen Markgrafen Friedrich IV., den Streitbaren, für sich zu gewinnen. Sie irrten sich. Der Markgraf unterstützte Sigmund bei der Erlangung der böhmischen Krone, die er zusätzlich zur deutschen anstrebte. 1419 begannen die Hussitenkriege. Sie brachten Sigmund in arge Bedrängnis. Für Friedrich waren die Hussiten, die um ihr Glaubensbekenntnis und ihre Predigtfreiheit kämpften, Ketzer und Aufwiegler. So hatte sie der Papst Martin V. bezeichnet. Es gab auch in der Markgrafschaft Meißen Husanhänger. Sie verurteilten den Wortbruch. Friedrich scherte sich nicht darum. Fürsten halten zusammen. Was er damit auslöste, wird das Land teuer zu stehen kommen. Der Wettiner eilte, Sigmund zu helfen. Die Belagerung Prags blieb erfolglos. Das vergaßen ihm die Hussiten nicht. Sie warteten auf ihre Zeit, um dem Wettiner eins überzuziehen.

Bald erlitt die Streitmacht der »aufrechten Christen« gegen Prokops Hussitenscharen eine Niederlage nach der anderen. Die Hussiten verstärkten ihre Offensive, fielen erstmals 1424 in die Oberlausitz ein, verwüsteten die Gegend um Löbau und Zittau, Kamenz, Görlitz und Bautzen. Bald darauf kam es zur Katastrophe. Die Hussiten zogen nach Aussig (Usti Nad Labem), das Sigmund dem Wettiner als Lehen überlassen hatte. Markgraf Friedrich der Streitbare befand sich zu dieser Zeit auf dem Reichstag. Seine Frau Katharina stellte bei Freiberg ein Heer zusammen und wandte sich gegen die Hussiten. Dort kam es 1426 zu einem Debakel. Die schweren sächsischen Panzerreiter waren den leicht bewaffneten, wendigen Kämpfern Prokops nicht gewachsen. Sie und thüringische Verbündete wurden niedergemetzelt. Auch die oberlausitzischen Städte, die in böhmischer Lehensabhängigkeit standen, wurden in den Krieg gezwungen. Sie erlitten hohe Verluste. Es nutzte nichts, dass sich Friedrich danach in einem Rundschreiben an die Reichsfürsten beklagte: »...er begehrte Hilfe, man sah aber wenig dazu thun«, hielt ein Chronist fest. Nach kurzer Atempause zogen Prokops Scharen 1429 wieder gegen Sachsen. Friedrich war inzwischen gestorben. Pirna gab nach kurzem Widerstand auf. Die Stadt wurde verwüstet. Im Oktober näherten sich die Hussiten Dresden. Das unzureichend befestigte Altendresden (Neustadt) wurde geplündert, die Stadt in Brand gesteckt, die Dreikönigskirche ausgeraubt und das Augustinerkloster angezündet. Der Versuch, das linkselbische Dresden einzunehmen, misslang. Die Hussiten stürmten elbabwärts, plünderten Meißen, Altenburg, Colditz, Plauen. Im Dezember brach in Dresden Panik aus. Die Hussiten erschienen wieder. Altendresden musste erneut leiden. Diesmal brannten die Hussiten auch die Vorstädte ab. Das Maternihospital ging in Flammen auf.

Der frühe Einsatz Friedrichs war ein hoher Preis für seinen erfolglosen Waffengang an der Seite Sigmunds. Er hätte besser getan, dies zu lassen. Große Landstücke wurden auch nach seinem Tode verwüstet, die Straßen waren kaum befahrbar, der Handel hatte gelitten. Aber für Friedrich hatte sich der Einsatz an Sigmunds Seite gelohnt. Mehrere glückliche Umstände als Verdienste trugen dazu bei. Der Kurfürst des askanischen Herrscherhauses Sachsen-Wittenberg, Albrecht III., war ohne männliche Nachkommen gestorben. Sein kleines, nahezu unbedeutendes Kurfürstentum - gelegen zwischen Bitterfeld, Belzig und Liebenwerda mit dem Hauptort Wittenberg - fiel nach seinem Tod an das Reich zurück. So wollte es das Gesetz. An dem Herzogtum Sachsen-Wittenberg hing die Kurwürde, die sofort mehrere Fürsten beanspruchten. Über ihre Vergabe entschied der König. Sigmund bedankte sich für Friedrichs Beistand und belehnte ihn 1423 - nachdem Geld geholfen hatte - mit dem Herzogtum Sachsen-Wittenberg, der Pfalzgrafschaft Sachsen und der Kurwürde. Der Wettiner stieg zu den sieben ranghöchsten Fürsten im Reich auf, die den Römischen König wählten.

Löbau, Altmarkt.

Zittau, Marstall.

Diese Rangerhöhung bestätigten die anderen sechs Kurfürsten 1424 auf dem Kurfürstentag in Bingen. Sie war mit Toten, Leid und reichlich Geld erworben worden.

Die sächsische Geschichtsschreibung bestätigt Friedrich IV., als Kurfürst Friedrich I., Gerechtigkeitssinn und Tugend. Schnell war die Kirche bereit, ihn zu segnen und zu loben. Der Merseburger Bischof Nicolaus Lubisch feierte ihn als »Heldenfürst und eine Krone der Christenheit« (Jörg Rogge, Die Wettiner, S. 153). Dass er gegen die Hussiten kaum etwas auszurichten vermochte, wird großzügig übersehen. Selbst der Papst Martin V. bedankte sich für Friedrichs Kampf gegen die Hussiten. Sechs Jahre durfte Friedrich I., den die sächsische Landesgeschichte auch den Streitbaren nennt, sich seines Kurhuts erfreuen. Er starb im Januar 1428. Der Name »Sachsen« ging in den nächsten Jahrzehnten allmählich vom Kurkreis um Wittenberg auf das gesamte wettinische Territorium über. Es darf also festgestellt werden: Schon mit der Gründung des Kurfürstentums versagte Sachsen militärisch. Das wird sich fortsetzen.

Bruderkrieg

Das kinderreiche Herrscherhaus Wettin kam nicht zur Ruhe. Feindschaft unter Brüdern und gegen Väter brach immer wieder aus. Kurfürst Friedrich I., der Streitbare, hatte vier minderjährige Söhne hinterlassen. Nach seinem Tode wurde sein ältester Sohn Friedrich II., der Sanftmütige genannt, mit 16 Jahren Kurfürst (1428-1464). Wiederholt wurde ein Herzenswunsch geäußert, obschon die Vergangenheit lehrte, dass er sich meist nicht erfüllte. Gemeinsam und in Frieden sollten die Brüder Wilhelm und Friedrich regieren. Schnell zeigte sich, dass sich die beiden nicht verstanden. Nachdem sie ihrem Bruder Sigismund sein Erbe verwehrten und ihn in Rochlitz lebenslänglich einsperrten, gerieten sie in Feindschaft.

Schloss Weimar.

Herzog Wilhelm III., der jünger war als Friedrich II. und meist in Weimar residierte, beanspruchte uneingeschränkt die Landgrafschaft Thüringen. Dies entsprach ganz und gar nicht den Vorstellungen Friedrichs, des Kurfürsten. Versuche, die Streitigkeiten zu regeln, schlugen fehl. In dieser angespannten Lage trat etwas Neues, noch nie Gewesenes in Sachsen ein. Die Landstände (Vertreter des Adels, der Kirchen und der Städte) - besorgt um das Wohl des Kurfürstentums - bemühten sich zu schlichten. Dies misslang. Es kam zum endgültigen Bruch der beiden Brüder. Wieder wurde das Territorium geteilt, wieder ging die Landgrafschaft Thüringen dem wettinischen Stammland verloren. Dies wurde in der Altenburger Teilung 1445 besiegelt. Ihr stimmte auch König Friedrich III. zu. Er ermahnte aber die Brüder, ohne »Irrungen und Streitigkeiten ihre Herrschaftsgebiete zu regieren« (Rogge, S. 161). Dennoch kehrte kein Frieden ein. Schon im Jahr darauf brach zwischen Wilhelm und Friedrich heftiger Streit aus. Er eskalierte zum »Sächsischen Bruderkrieg«. Herzog Wilhelm holte böhmische Söldner ins Land. Sie verwüsteten Thüringen und Sachsen, plünderten Städte, zündeten Dörfer an. Chroniken berichten von grausamer Kriegsführung. Die Gewalt, die seit Beginn der Wettinerherrschaft immer wieder in der Familie ausbrach, nahm kein Ende. Erst 1451 wurde der Bruderkrieg endlich beendet und im Naumburger Frieden besiegelt. Danach war das Territorium halbiert. Vor diesem Hintergrund ist es kaum nachzuvollziehen, warum Friedrich »der Sanftmütige« genannt wurde.

Arme Anna

Ihre Frauen behandelten die Wettiner gelegentlich brutal. Margarethe, die Frau Albrechts des Entarteten, floh von der Wartburg, weil sie um ihr Leben fürchtete. Albrecht hatte sich Kunigunde von Eisenberg zugewandt. Der Landgraf von Thüringen, Wilhelm III., heiratete Anna von Habsburg, eine Frau aus bedeutendem Hause. Die Ehe hatte nur einen Zweck. Als verheirateter Fürst konnte er an seinen Bruder Friedrich größere Gebietsansprüche stellen. Ansonsten interessierte ihn Anna nicht. Als sie sich beschwerte, warf er ihr einen Holzschuh an den Kopf. Bald wandte sich Wilhelm einer anderen Frau zu, Katharina von Brandenstein. Es ist nicht bekannt, ob sie ihn zu Grausamkeiten drängte. Jedenfalls sperrte der Landgraf seine Frau auf Schloss Eckartsberga ein. Lebenslänglich. Dort starb sie nach fünf Jahren Gefangenschaft am 14. November 1462. Wilhelm frohlockte.

Jetzt war er frei. Im Juli nächsten Jahres heiratete er seine Geliebte.

Die Entführung

Wegen der Entführung der beiden Prinzen Albrecht und Ernst, den Söhnen Friedrich des Sanftmütigen, kann man den Wettinern keinen Vorwurf machen. Aber auch dieser Fall belegt, wie rücksichtslos es im Kurfürstentum gelegentlich zuging. Kurfürst Friedrich der Sanftmütige hatte seine beiden Söhne Ernst und Albrecht zu seinen Nachfolgern bestimmt. Darauf wurden sie schon früh vorbereitet. Im Juli 1455 gab es in Altenburg ein Hoflager. Die Stadt feierte. Man war gut aufgelegt, auch wenn der Kurfürst selbst nicht zugegen war. Ritter Kunz von Kaufungen (auch mit zwei *f* geschrieben) sah sich von Friedrich dem Sanftmütigen schlecht behandelt. Angeblich verweigerte der ihm die Auszahlung eines Lösegeldes und forderte ein Gut zurück, das Kaufungen im Bruderkrieg für seine Dienste erhalten hatte und nunmehr beanspruchte. Kaufungen nutzte diese ausgelassene Stimmung. Er drang über eine Strickleiter in die Burg ein und entführte Ernst und Albrecht. Sein Fluchtziel war Böhmen. Von dort aus wollte er den Kurfürsten zwingen, seinen Forderungen zuzustimmen. Ernst war vierzehn und Albrecht zwölf Jahre alt.

Der Schrecken war groß, als die Entführung entdeckt wurde. Sofort machten sich Suchtrupps auf. Aber das war gar nicht nötig. Ein Köhler hatte Kunz von Kaufungen gefangen genommen. Sein Gehilfe, der Ernst bewacht hatte, stellte sich freiwillig. Der Kurfürst fackelte nicht lange. Das Freiberger Stadtgericht verurteilte Kunz und seinen Komplizen, natürlich auf Geheiß des Kurfürsten, wegen Landfriedensbruch. Ein Scharfrichter enthauptete den Ritter und vier Diener im Juli 1455 auf dem Freiberger Markt. Kaufungens Besitz wurde vom Kurfürsten eingezogen, seine Burg abgebrannt. Der Koch des Schlosses, der die Entführer informiert hatte, wurde »mit Zangen gerissen und gevierteilt«. Die Vollstreckung des Urteils hatte etwas Aufsehenerregendes. Ein Ritter, ein Adliger, war von einem Stadtgericht zum Tode verurteilt worden. Das hatte es bis dahin in Sachsen nicht gegeben.

Spiel und Hurerei

Leipzig entwickelte sich erfolgreich. Der Feuersbrunst, die 1420 über 400 Häuser vernichtete, war ein reger Aufbauwille gefolgt. Die Stadt hatte Kurfürst Friedrich I. die gesamte Gerichtsbarkeit abgekauft. Gewerbe und Handel florierten. Um 1450/1460 schien die Stadt im Verständnis des Rates ein Sündenpfuhl zu sein. Er erließ zahlreiche Ordnungen gegen den Sittenverfall. 1463 heißt es u. a., »dass die Huren und wilden Frauen auf dem Freihaus (Freudenhaus) nicht sollen tragen Korallenschnüre noch Seide unter den Mänteln, Silber noch Gold auf der Gasse... sie sollen auch keine langen Kleider tragen, die auf die Erde gehen. Item (ferner) die heimlichen Huren sollen Schleier auf den Hauben tragen, wo sie auf den Gassen gehen... Daß sie auch keine Korallenpaternoster (Korallenhalsketten) noch Seidentuch noch Silber noch Gold nicht tragen noch den Mantel mit Seide nicht unterfüttern sollen...Es soll niemand mit Würfeln spielen noch werfen...« In einer anderen Ordnung ist über die Bürger der Stadt zu lesen: »...man schilt, man flucht, man schlägt, man hurt, ehebricht und bufft (prügelt), man treibt obige Quaserei (Prasserei) und sammelt unehrliche Gesellschaft und hohnspricht zu vielen Malen Gott und alle seinen Heiligen...« Es hagelte Verbote. Schuhmachern wurde untersagt, spitze und gehörnte Schuhe zu verfertigen; fremdes Bier auszuschenken wurde verboten. Weitere Ordnungen folgten. Auch sie schienen nichts zu bewirken.

Sündenfall Teilung

1464 starb Friedrich der Sanftmütige. Er hatte seinen Söhnen Ernst und Albrecht das Versprechen abgenommen, das Kurfürstentum gemeinsam zu regieren. Außerdem verfügte er testamentarisch die Unteilbarkeit des sich herausbildenden Territorialstaates. Wieder ein frommer Wunsch, wie sich zeigen sollte.

Anfangs schien es, als wollten die Söhne das Vermächtnis des Vaters erfüllen. Das Kurfürstentum hatte eine beträchtliche Größe erreicht. Das Kernland Meißen war gesichert. Hinzugekommen war die Kurwürde. Das schlesische Herzogtum Sagan war gekauft worden. Bis Beeskow und Storkow in der Niederlausitz reichte die wettinische Herrschaft, stach tief ins Brandenburgische hinein. Das freie Erfurt wurde unterworfen. Die Wettiner setzten sich dort als Schutzherren fest. Kleine Ärgernisse wurden schnell erledigt. Die Quedlinburger Bürger hatten die Abhängigkeit vom dortigen Reichsstift satt. Sie wollten den verwelkten adeligen Damen keinen Tribut mehr entrichten. Ernsts und Albrechts Schwester war dort Äbtissin. Sie beschwerte sich über die aufmüpfigen Städter. Die Brüder schickten Truppen nach Quedlinburg und stellten die alten Verpflichtungen wieder her. Als gar Thüringen 1482 erneut an Kursachsen fiel, verfügten die Wettiner über eines der größten Territorien im Reich, ja man darf wohl behaupten, dass sie damit zu den mächtigsten Dynastien im spätmittelalterlichen Reich aufstiegen, zur »stärkste(n) politischen Kraft in Mittel- und Norddeutschland« wurden (Blaschke in Moritz von Sachsen, S. 10). Es war ein geordnetes Land, reich an Städten und Dörfern. In Schneeberg sorgten neue Silbererzfunde für eine gute Ausbeute. Freie Bauern, die das zugewiesene Land vererben durften, bearbeiteten ihre Felder. »In den 1470er Jahren verfügte das Kurfürstentum über ein Jahreseinkommen von 80 000 bis 137 000 Gulden. Es gehörte damit zu den ›finanziellen Großmächten‹ « im Reich (zitiert nach Kroll, Die

Herrscher Sachsens, S. 51). Es bestanden also beste Voraussetzungen für ein weiteres gemeinsames Regieren. Sie gaben den Neubau der später nach Albrecht benannten Burg in Meißen in Auftrag. Dort wollten sie leben und regieren. Allmählich aber machte sich ein Stimmungswechsel bemerkbar. Wieder brach das alte Geschwür der Wettiner auf, das Macht, Eigensinn und Rivalitäten beförderte. Es trat ein, was der Volksmund sehr treffend bezeichnet. Wenn es dem Esel zu wohl wird, geht er aufs Eis tanzen. Ernst und Albrecht, heißt es, entfernten sich voneinander.

Die gemeinsame Hofhaltung, die etwa anderthalb Jahrzehnte angehalten hatte, wurde aufgegeben. Albrecht richtete sich in Torgau auf Schloss Hartenfels ein, Kurfürst Ernst residierte vorwiegend in Dresden. Bald darauf schlug Ernst, der Ältere, die Teilung des Kurfürstentums vor. Man kam 1485 in Leipzig zusammen, um zu teilen. Albrecht soll dort davor eindringlich gewarnt haben. Auch die Stände, die zugegen waren, rieten ab. Vergeblich. Ernst bestand auf Teilung. Zum Ärger des Kurfürsten, der in Dresden bleiben wollte, wählte der Jüngere den meißnischen Teil als sein Territorium. Albrecht kehrte nach Dresden zurück und Ernst musste sich in Torgau niederlassen. Zwar wurden einige Gebiete miteinander verschränkt und es sollte die Silbererzausbeute gemeinsam genutzt werden, aber dies beschwor eher neue Konflikte und Feindseligkeiten herauf. Dieser Akt ist als Leipziger Teilung in die sächsische Geschichte eingegangen. Sie blieb endgültig. Seitdem entwickelten sich die beiden Linien des Hauses Wettin, die ernestinische und die albertinische, weitgehend unabhängig von einander.

Die Leipziger Teilung gehört zu den übelsten Kapiteln der sächsischen Landesgeschichte, sie ist ein Sündenfall egoistischen Machtstrebens. Ernst verfügte über das Territorium als sei es Tafelsilber, das man verkaufen, verschenken, vermachen könne. Ein Handeln im Sinne eines künftigen mitteldeutschen Flächenstaates ging ihm ab. Damit erwies er sich in entscheidender Situation als unfähig, im wirklichen Interesse des Landes zu regieren. Ähnliches wird sich, wenn auch unter anderen Bedingungen, noch öfter in Sachsens Geschichte wiederholen. Selbst dem Hause Wettin sehr wohl gesonnene Historiker kommen nicht umhin, die Leipziger Teilung als »verhängnisvollste Entscheidung« zu bezeich-

Schloss Hartenfels, Torgau.

nen. Karlheinz Blaschke: »Sie schwächte die Macht der Wettiner im Augenblick ihrer größten Entfaltung und sie blieb für dauernd erhalten...« (Blaschke, Fürstenzug S. 10). Vor ihm war bereits der Nestor der sächsischen Landesgeschichte Rudolf Kötzschke der Meinung, dass mit der Landesteilung »ein Zeitalter sächsischer Geschichte... zu Ende« ging. Neuerdings wird wieder schön geschrieben. Enno Binz meint, dass ihnen (Ernst und Albrecht) nicht »landesherrliches Denken, das auf das Landeswohl gerichtet war, fremd gewesen wäre« (Die Herrscher Sachsens, S. 54).

Gehandelt haben sie anders. Dieser Sündenfall legte den Grund für die spätere Überlegenheit Brandenburg-Preußens, das aus einem »Flickenteppich« zwischen Neiße, Berlin und Rhein sein Territorium kontinuierlich vergrößerte. Dafür hatte der Kurfürst von Brandenburg 1473 die Voraussetzungen geschaffen. Er verfügte die Unteilbarkeit des Besitzes. Glückliche Umstände führten dazu, dass diese Forderung tatsächlich erfüllt wurde.

Bäcker im Turm

Um 1501 muss die Stimmung in Dresden sehr schlecht gewesen sein. Die Bäcker murrten. Der Grund ist nicht bekannt. Der Rat, der ständig um seine Herrschaft bangte, fackelte nicht lange. Er sperrte sämtliche Bäcker der Stadt in einen Turm. Brot und Semmeln wurden knapp. Aber der Rat wusste sich zu helfen. Er befahl, die Semmeln aus Pirna und dem rechtselbischen Altendresden heranzukarren. Freilich waren sie nicht mehr frisch, ehe sie auf den Küchentisch gelangten. Offenbar gab es in Dresden öfter ähnliche Zwischenfälle. Sie müssen von größerem Umfang gewesen sein. Denn es wird ausdrücklich betont: »Schmähungen und Verleumdungen des Rates oder Zuwiderhandlungen sind verboten.« Von Saufgelagen, Schlägereien und mutwilligen Zerstörungen berichten die Chroniken. 1513 musste der Rat vier Nachtwächter anstellen, um gegen den liederlichen Lebenswandel vorzugehen. Wer wider der Verbote handelte, wurde bestraft. Dies sahen mehrere Verordnungen vor. Interessant ist, dass die Verordnungen vom Landesherrn erlassen wurden, so zum Beispiel von Herzog Georg 1519.

Leipziger Moralisten

In Leipzig stellten die Räte öfter unsittliches Verhalten fest. »Und nachdem Meister Jobst mit einer Dirne, die auch ehelichen (verheiratet) gewesen, in einem offenbahrlichen Ehebruch ist befunden worden«, haben die Räte beschlossen, »daß man die Dirne ewiglich verweisen und ihr die Stadt verbieten, desgleichen Meister Jobst mit Eidesgelübden verstricken (soll), (dass er) sich aus der Stadt nicht zu verwenden (entfernen) hat, (er) habe sich denn vorhin (vorher) um solchen Ehebruch Vertragen.«

Und wieder ein paar Jahre später wird »eine führnehme (vornehme) Frau, die auf öffentlicher Straße geraubt, zu Leipzig... mit dem Schwert gerichtet« (aus Wolfgang Schneider, Leipzig, S. 77 ff).

»Lotterisches gyft«

Dies ist eines der hässlichsten Kapitel der sächsischen Geschichte, weitere werden folgen: Herzog Georg der Bärtige (1500-1539), der in Dresden residierte, erhob seinen alten Glauben zum Diktat für alle anderen. Mit der christlichen Lehre, die Rom diktierte, waren viele in den deutschen Fürstentümern unzufrieden. Mit wachsendem Unmut erlebten die Landesfürsten, dass Geld außer Landes nach Rom geschafft wurde. Es stammte meist aus dem Ablasshandel, den die katholische Kirche mit Eifer und Geschäftssinn betrieb. Sünden wurden vergeben, wenn dafür ordentlich bezahlt wurde. Das missfiel im Kurfürstentum Sachsen, das in Wittenberg von Friedrich dem Weisen und seinem Bruder Johann dem Beständigen gemeinsam regiert wurde. Auch im Herzogtum Sachsen beobachtete Georg der Bärtige mit wachsender Sorge diese religiöse Entwicklung. Vor allem missbilligte er die weltliche Lebensweise in den Kirchen und das Streben nach Macht. In den Klöstern hatten Zucht und

Ordnung abgenommen. Am Hof des Kardinals Albrecht in Halle herrschten Genusssucht und Sittenlosigkeit. Dagegen wollte der Herzog angehen. Demut, Askese und Glauben sollten wieder stärker gelebt werden. Da geschah etwas Unerwartetes, ja Unerhörtes.

Der Augustinermönch Martin Luther, Theologe und Professor an der neugegründeten Wittenberger Universität der wettinischen Ernestiner, nahm die verwahrlosten Zustände in der Kirche nicht mehr widerspruchslos hin. Er schlug im Oktober 1517 95 Thesen an die Wittenberger Schlosskirche. (Neuere theologische Forschungen bezweifeln, dass es die Schlosskirche war, ebenso wie seine späteren Sätze in Worms vor Reichsfürsten und Kaiser Karl V.: »Hier stehe ich. Ich kann nicht anders. Gott helfe mir. Amen.«) Darin kritisierte er den Ablasshandel und die Vollmachtsansprüche des Papstes. Sie seien nicht mit der Heiligen Schrift vereinbar, behauptete er. Das Bekanntmachen von Thesen und Meinungen Gelehrter war in dieser Zeit nichts Außergewöhnliches. Es war üblich, sie öffentlich vorzustellen, um damit einen wissenschaftlichen Disput zu entfachen. Das war auch Luthers ursprüngliche Absicht. Was er gewiss nicht voraussehen konnte: Seine Thesen leiteten eine Entwicklung ein, die die katholische Kirche aus den Angeln heben sollte.

Herzog Georg, der sich lieber um die Verwaltung seines Landes und seines Wohlstands kümmerte als um große Reichspolitik, nahm die Thesen mit Interesse auf. Einigem, was darin stand, konnte er zustimmen. Auch er hielt Veränderungen in der alten Kirche für notwendig, aber sie sollten aus der Kirche selbst kommen. Erschrocken freilich war er über die große Zustimmung zu der lutherischen Kritik. Papst Leo X. handelte sofort, er leitete gegen Luther ein Verfahren wegen Ketzereiverdachts ein. Dennoch befürwortete Georg eine öffentliche Auseinandersetzung mit Luther. Er hatte sie Luthers Gegner, dem katholischen Theologen Johannes Eck, versprochen. Auf Georgs Druck kam es im Juli

1519 in der Leipziger Pleißenburg zu einem öffentlichen Streitgespräch zwischen Martin Luther, Johannes Eck und anderen.

Sowohl in Dresden als auch in Wittenberg sah man dem Ausgang mit großem Interesse entgegen. Luther hatte inzwischen weitere Schriften gegen die Missstände in der Kirche veröffentlicht, die wie Kampfschriften aufgenommen wurden. Georg der Bärtige nahm mehrere Tage an der Disputation teil. Eck reizte Luther. Er befragte ihn, wie er zu Hus, dem tschechischen Reformator, stehe. Luther verteidigte dessen Abendmahlslehre und hielt einige seiner Ansichten für rechtsgläubig. Georg, ein Gegner Hussens, der wegen Ketzerei von der Kirche verbrannt worden war, soll aufgesprungen sein und ausgerufen haben: »Das walt die Sucht.« Als Luther gar die Unfehlbarkeit der Konzilien (Bischofsversammlung) in Frage stellte, war der Bruch offen. In den Augen des Kurfürsten war das schwere Ketzerei. Der Herzog verließ als Lutherfeind Leipzig. In den folgenden knapp 20 Jahren seines Lebens verlor der Wettiner jedes sittliche Maß im Kampf gegen Luther und die Reformation.

Gnadenlos verfolgte er alles Lutherische. Luthers Streitschriften erschienen Georg deshalb so gefährlich, weil sie in deutscher Sprache abgefasst waren und von den »gemein, armen, eynfeldigen Leute« gelesen werden konnten. Das war für ihn »Lotterisches gyft«. Als das Neue Testament in Luthers Übersetzung in Leipzig erschien, verbot er den Druck der Bibel. Er verlangte die Auslieferung der verkauften Exemplare. In Leipzig wies er 80 Bürger aus, weil sie sich zu Luther bekannten. Seinen Landeskindern, die im ernestinischen Kurfürstentum an lutherischen Gottesdiensten teilnahmen, verbot er den Kirchgang. Als gar Bürger seiner Residenz Priesterhäuser belästigten, ließ er die Beteiligten stäupen (öffentlich mit Ruten schlagen). Lutherische Schriften wurden konfisziert. Er kündigte eine Bestrafung des Döbelner Rates an, weil dort ein lutherischer Prediger gesprochen hatte. Er ließ das Neue Testament von Hieronymus Emser, einem Luthergegner, im katholischen Sinne übersetzen und stellte es gegen Luthers Bibel. In Sachsens Geschichte – die Nazizeit ausgenommen – tauchte kaum nach ihm ein so gnadenloses Vorgehen gegen Andersdenkende und Andersgläubige auf. 53 Prozent aller altgläubigen Schriften im Reich, die zwischen 1525 und 1539 erschienen, stammten aus Leipzig oder Dresden. »Georg gehörte zu den wenigen Reichsfürsten, die am 25. Mai 1521 das Wormser Edikt annahmen«, schreiben Enno Binz und Christoph Volkmar in Die Herrscher Sachsens, Seite 82. Darin wurde die Verbreitung der Lutherschriften unter Strafe gestellt und die Acht (Ächtung) über den Reformator ausgesprochen. Luther, den der römische Kardinal Cajetanus als »Bestie« bezeichnete, war danach vogelfrei. Wer ihn sah, musste ihn festnehmen und dem weltlichen Gericht ausliefern, er durfte auch getötet werden. Georgs Hass gegen die Aufwiegler ging so weit, dass er der Folterung von Bauern, die am Bauernkrieg teilgenommen hatten, genüsslich zusah. Ihr Aufstand war für ihn die Folge der lutherischen Werke. Er scheute selbst nicht davor zurück, seinen geistesschwachen Sohn als seinen Nachfolger zu benennen, damit er gegen das Lutherische vorgehe. Es gibt in jüngerer Zeit unter Landeshistorikern einige Bemühungen, Georgs Verdienste, die zweifellos vorhanden waren, gebührender herauszustreichen. Das ändert aber nichts daran, dass dieser Herzog wahrlich nicht zu Sachsens Zierde gehört. Für dessen Intoleranz und wütenden Verfolgungswahn sollte man kein Verständnis aufbringen. Die Reformation wurde sofort nach seinem Tode 1539 von Heinrich dem Frommen, seinem Bruder, der in Freiberg residiert hatte, in ganz Sachsen eingeführt.

Hinrichtung in Leipzig

Lutheraner wurden auch in Leipzig von der Obrigkeit verfolgt. 1527 kam es zu einer Hinrichtung. Der Buchhändler

Johannes Hergot wurde beschuldigt, lutherische Bücher heimlich in die Stadt gebracht zu haben. Diese soll er aus dem ernestinischen Sachsen, das protestantisch geworden war, eingeschmuggelt haben. Leipzigs Bürger protestierten gegen die Willkür, verwandten sich für den Buchhändler. Es half nichts. Er wurde auf dem Leipziger Markt hingerichtet. Welch ein hässliches Beispiel religiöser Intoleranz im bürgerlichen Leipzig. Sie wurde wahrscheinlich von Georg dem Bärtigen diktiert.

Heinrich der Fromme, Marienberg.

Der Judas von Meißen

Im ernestinischen Wittenberg wurden Tatsachen von weltgeschichtlicher Bedeutung geschaffen, in Dresden wurde dies von Georg dem Bärtigen und den Altgläubigen zu verhindern versucht. Dieser Gegensatz sollte zu einem blutigen Kapitel sächsischer Geschichte führen. 60 Jahre regierten die Ernestiner in Wittenberg das Kurfürstentum Sachsen. Als Schutzherren der Reformation sorgten sie dafür, dass Luther am Leben blieb und seine Worte in den deutschen Landen aufgesogen wurden. Es war eine Zeit großer Veränderungen, Hoffnungen und humanistischer Ideen, aber auch eine Zeit abgrundlosen fürstlichen Hasses gegen die Bauernscharen, die Müntzers Gottesreich auf Erden errichten wollten. Erstmals erhob sich der mit Sünden beladene Mensch gegen die Obrigkeit und stellte sich selbst ins Zentrum des Handelns. Das Himmelsgewölbe bekam Risse. Im deutschen Reich spitzten sich die Gegensätze zwischen Protestanten, katholischer Kirche und katholischem Kaiser Karl V. zu. Die Altgläubigen, Papst, Kaiser, Fürsten, waren nicht bereit, die verlorenen Positionen aufzugeben. Mit Gewalt und Schwert wollten sie das Protestantentum ausrotten. Die im Schmalkaldischen Bund zusammengeschlossenen protestantischen Fürsten waren bereit, gegen Kaiser Karl V. anzutreten, falls er gegen ihren neuen Glauben vorgehen sollte. Ein kriegerisches Messen der Kräfte wurde immer wahrscheinlicher.

Das Herzogtum Sachsen war nach Georgs Tod lutherisch geworden. Dennoch kam es zwischen Ernestinern und Albertinern auch danach zu Feindseligkeiten. Herzog Moritz – von den protestantischen Fürsten umworben – schloss sich dem Schmalkaldischen Bund nicht an. Ihm missfiel die ernestinische kurfürstliche Dominanz in dem Bündnis. Persönliche Abneigungen gegen die Ernestiner kamen hinzu. Ein Konflikt zog in Sachsen nach 1540 herauf. Der Ausgang war offen.

1542, zur Osterzeit, drohte Herzog Moritz den Ernestinern mit Krieg. Dies ist als Wurzener »Fladenkrieg« in die Geschichte eingegangen. Wurzen, das zum Hochstift Meißen gehörte und seit der Leipziger Teilung der wettinischen Lande 1485 unter gemeinsamer Hoheit der beiden Linien stand, wurde vom ernestinischen Kurfürsten Johann Friedrich kurzerhand besetzt. Als Anlass diente die Einbehaltung der Türkensteuer durch Herzog Moritz. Außerdem ging Johann Friedrich gegen den im Stiftsterritorium immer noch katholisch gehaltenen Gottesdienst vor. Das erboste den jungen Moritz über alle Maßen. Er sah seine Hoheitsrechte angegriffen.

Wieder sollten Waffen entscheiden. Moritz setzte Truppen in Marsch. Philipp von Hessen, führendes Mitglied des Schmalkaldischen Bundes, konnte in letzter Not ein Hauen und Stechen verhindern. Aber der Grund für die Familienfeindschaft war gelegt. Auf dem Reichstag in Regensburg ging Moritz in das katholische Lager des Kaisers über. Karl V., darüber erfreut, verkündete die Reichsacht gegen den protestantischen Kurfürsten und Beförderer der Reformation Johann Friedrich. Er nutzte das Zerwürfnis der Wettiner und befahl Moritz mit der Vollstreckung der Reichsacht. Der Bruch mit den Ernestinern war endgültig. Es stank nach Krieg.

Im November besetzte Moritz ohne Gegenwehr große Teile des ernestinischen Territoriums. Damit nicht genug. Er ließ sich dort als Landesherr huldigen. Das war ein offener Affront gegen den Kurfürsten Johann Friedrich. Kampfhandlungen setzten ein. Moritz wich vor den Truppen des Kurfürsten zurück, der in sein Territorium eindrang. Auch Johann Friedrich ging nicht fein gegen seinen Vetter vor. Gewalt folgte auf Gewalt. Seine Truppen stießen auf Dresden vor. Widerstand kam nicht zustande. Moritz befand sich in Prag. Dort wollte er sich mit den kaiserlichen Truppen vereinen und gegen den Schmalkaldischen Bund kämpfen. Der Kurfürst führte Artillerie mit sich. Altendresden wurde

Moritzmonument in Dresden.

genommen, die Dreikönigskirche ausgeraubt. Das linkselbische Dresden zu stürmen gelang nicht. Der Kurfürst gab die Stadt zur Plünderung frei. Danach zog er in Richtung Meißen weiter. Bei Mühlberg kam es am 24. April 1547 zur entscheidenden Schlacht, an der der protestantische Moritz auf Seiten des katholischen Kaisers mit seiner Reiterei teilnahm. Die schmalkaldischen Truppen - schlecht von Kurfürst Johann Friedrich geführt - unterlagen. Der Kurfürst geriet in Gefangenschaft. Kaiser Karl V. ließ ihn zum Tode verurteilen. Gnade rettete dem Ernestiner das Leben. Moritzens Kampf an der Seite des Kaisers gegen die protestantischen Fürsten zahlte sich aus. Für seinen Verrat erhielt er - andere nennen es pragmatisches Vorgehen - von Karl die Kurfürstenwürde. Der Ernestiner verlor große Teile seines Territoriums an Moritz. Seitdem wird die Geschichte des Kurfürstentums Sachsen maßgeblich im albertinischen Dresden geschrieben.

Die Urteile über Moritz sind unterschiedlich. Luther lernte Moritz kennen, als er sich am Torgauer Hof aufhielt. Vom Kurfürsten befragt, was er von dem sechzehnjährigen Jungen halte, soll der Reformator geantwortet haben: »Sehet wohl zu, gnädiger Herr, dass ihr nicht einen jungen Löwen aufziehet.« Später bezeichnete er ihn als »Bluthund«. In der älteren lutherisch geprägten sächsischen Landesgeschichte ist das Urteil über Moritz gefällt. Er wird als »Judas von Meißen« bezeichnet. Neuerdings wird viel Verständnis für seine Zwangssituation aufgebracht, in der sich Moritz gegenüber dem Kaiser befunden haben soll. Karl habe ihm gedroht, den wettinischen Herrschaftsbereich zu entziehen, falls er ihm nicht bedingungslos folge. Die Kraft dazu hätte der Kaiser in keinem Fall gehabt. Am wahrscheinlichsten dürfte sein, dass Moritz alle Mittel recht waren, um seinem Trieb zur Macht, zum Kurfürstenhut, zu folgen. Deshalb musste er die Ernestiner entmachten. Trotz des kaiserlichen Sieges, trotz des Verrats war auch nach Mühlberg der Protestantismus in seinen Grundfesten nicht bedroht. Dass sich Moritz später gegen den Kaiser wandte, ist ein anderes Kapitel sächsischer Geschichte.

Grausamkeiten in Gotha und anderswo

Kurfürst August (1533-1586), dem nach dem Tode Moritz´ die Kurwürde zufiel, war anfangs gegen die Ernestiner in Thüringen versöhnlicher eingestellt als sein Bruder Moritz. Er bemühte sich um ein freundliches Verhältnis. Sie erhielten ansehnliche Gebiete in Thüringen zurück, die sich Moritz angeeignet hatte, und er legte in zwei Raten 100 000 Gulden hinzu (1 Gulden = 21 Groschen). Weiteres Geld sollte folgen. Damit hoffte er, mit den Ernestinern ewigen Frieden geschlossen zu haben. Er irrte sich. Der Sohn des bei Mühlberg geschlagenen Kurfürsten Johann Friedrich der Großmütige, Herzog Johann Friedrich der Mittlere (Johann Friedrich II.), ließ sich von Wilhelm von Grumbach, einem fränkischen Ritter, gegen August aufwiegeln. Mit Schwert und Feuer sollte rückgängig gemacht werden, was in Torgau nach der Niederlage des Schmalkaldischen Bundes von Kaiser Karl V. beschlossen worden war. Das war Landfriedensbruch. Kaiser Ferdinand I. - Karl war gestorben - verfügte über den thüringischen Herzog die Reichsacht. Kurfürst August sollte sie vollstrecken. Dazu ließ er sich nicht zweimal bitten.

August wird gern als der väterlich besorgte Landesherr dargestellt. In der Grumbacher Fehde offenbarte sich sein wahrer Charakter. Mit äußerster Grausamkeit und blutigem Hass ging er gegen die Thüringer vor. Sofort zog er gegen Gotha, die Residenz des Herzogs. Am 24. Dezember 1566 begann die Belagerung der Stadt, im April kapitulierte sie. Zu Pferde ritt August in Gotha ein. Ritter Grumbach und der Kanzler des Herzogs, Brück, wurden grausam gefoltert und lebendig gevierteilt. Damit hätte es der Kurfürst bewenden lassen können. Aber »Vater Augusts« Zorn hielt an. Ihm waren auch mehrere Räte des Herzogs schuldig. Er ließ ihre Köpfe abhacken. Einer wurde gehängt (unterschiedliche Angaben). Die Festung Gotha wurde geschleift. August kehrte zufrieden nach Dresden zurück. Die Grumbacher Fehde war beendet. Der Herzog Johann Friedrich der Mittlere wurde in lebenslange Haft des Kaisers gesetzt. Er starb in Wien im Gefängnis. Für die Kriegskosten mussten die Thüringer mit Gebietsabtritten an August aufkommen.

Augusts Hang zu Grausamkeit und Jähzorn nahm kein Ende. Er hielt an einem strengen lutherisch-orthodoxen Kurs fest. Calvinistische Bekenntnisse, eine Reformbewegung unter den Christen, die u.a. den Exorzismus, also die Vertreibung des Teufels während der Taufe, ablehnte, galten ihm als Verbrechen. 1574 erschien in Leipzig eine Schrift, die das calvinistische Abendmahl, das von Luthers Lehre abwich, bejahte. August sah sich am Dresdner Hof von Calvinisten umstellt und persönlich hintergangen (hier meist als Philippisten bezeichnet, Anhänger des Reformators Philipp Melanchthon, auch Cryptocalvinisten genannt). Seine Reaktion war »überaus brutal«, zumal er seine naturwissenschaftlichen Neigungen belächelt sah (Kroll, Herrscher Sachsens, S. 122). In der jüngsten Publikation über »Kurfürstin Anna von Sachsen« (Regensburg 2010) mildert die Autorin Katrin Keller das Urteil, indem sie nur von »teilweise rabiatem Durchgreifen« des Kurfürsten spricht (S. 134). Auch seine Frau Anna, eine eifernde bigotte Lutheranerin aus dänischem Königshaus, sah sich getäuscht. Sie nahm starken Einfluss auf den Kurfürsten und wendete sich heftig gegen die Calvinisten, was ihre Gegner dazu veranlasste vom »Weiberregiment« oder »Weiberherrschaft« am Dresdner Hof zu sprechen. Das Ergebnis: Augusts Kanzler Dr. Georg Crakow, ein Schüler Melanchthons, wurde des Calvinismus beschuldigt. Er wurde mehrere Male gefoltert und starb in einem Verließ der Leipziger Pleißenburg. Augusts Hass entging auch sein Leibarzt Kaspar Peucer, ein Schwiegersohn Philipp Melanchthons, nicht. Auch ihn hielt der Kurfürst für einen Calvinisten, der sich an Luthers Christenlehre verging. Er wurde bis zu Augusts Tod im Rochlitzer Schloss gefangen gehalten. Augusts Beichtvater Johann Stössel wurde verhaftet, er starb nach zwei Jahren Kerkerhaft. Der Dresdner Hofprediger Christian Schütz musste 14 Jahre büßen. Bewohner des Kurfürstentums, die in Verdacht standen, dem Calvinismus anzugehören, wurden aus dem Land gewiesen. Mehrere Professoren wurden von der Universität Wittenberg verjagt. Vier mussten gar das Land verlassen, weil sie einen Widerruf verweigerten. August missbrauchte seine Macht immer wieder auch gegen einst Vertraute. Missliebige Personen – dazu zählten Räte, Prediger, Ärzte – wurden unter dem Vorwand, dem Calvinismus anzugehören, aus ihren Ämtern vertrieben. Das alles geschah unter dem Deckmantel, ein wahrhafter Christenmensch zu sein, der für die reine Lehre Luthers eintrat. Was rein war, bestimmte der Kurfürst, obschon er von theologischen Fragen nichts verstand. Er tat die Spannungen als »Theologengezänk« ab.

Der Versuch, den Calvinismus auszurotten, misslang, musste misslingen. Der Historiker Heinrich von Treitschke hat die Zeit zwischen 1555 und dem Ausbruch des Dreißigjährigen Krieges 1618 als »die häßlichsten Zeiten deutscher Geschichte«, bezeichnet. Kurfürst August hat seinen Teil dazu beigetragen. Ganz anders sieht das Jens Bruning, der das

Schloss Friedenstein, Gotha.

reichserhaltende Handeln Augusts und sein kaisertreues Agieren im Heiligen Römischen Reich Deutscher Nation hervorhebt. Er wendet sich gegen »die lange Zeit vorherrschende Geringschätzung der Regierungszeit Kurfürst August(s)« (Die Herrscher Sachsens, S. 124) und erteilt dem Kurfürsten den lange überfälligen Ritterschlag: Man wird »nicht umhinkommen, Kurfürst August von Sachsen als einen der profiliertesten und bedeutendsten Herrscher einordnen zu müssen, die das Haus Wettin hervorgebracht hat« (Ebenda, S. 124). Ein kräftiges Lob, das dem gegenwärtigen royalistischen Trend mehrerer Landeshistoriker gerecht wird.

Hässlicher Bauherr

Die Augustusburg auf der Höhe, unweit von Flöha über dem Tal der Zschopau, von alten Bäumen umgeben, bietet einen imposanten Anblick. Wer über das hügelige Land schaut, der kommt nicht umhin festzustellen: ein vortrefflicher Platz wurde für den Renaissancebau gewählt. Die Dörfer und sanften Höhenschwünge, ausgebreitet wie auf einer offenen Hand. Kurfürst August hat dieses großartige Bauwerk dem Baumeister Hieronymus Lotter nicht gedankt.

Ein Unwetter hatte den Vorgängerbau, die Schellenburg, fast weggefegt. Was stehen blieb, vernichtete ein Blitz. Die Ruine verschandelte fast 20 Jahre die Landschaft. Dann entdeckte der Kurfürst, der ein leidenschaftlicher Jäger war, den Ort. Er gefiel ihm, hatte es sehr eilig, dort ein neues Jagdschloss zu errichten. Kurfürst August befahl die Trümmer der Burg wegzuschaffen. Der Schlossbau sollte seinen erhöhten Machtzuwachs – er hatte über den Ernestiner in Gotha und seinen Komplizen Grumbach gesiegt – allen vor Augen führen. Vielleicht hat er diese fürstliche Bautätigkeit seinem Bruder Moritz abgeschaut. Der hatte die Vergrößerung des Dresdner Schlosses befohlen. Allerdings war ein Problem zu lösen: Der Kurfürst musste einen Baumeister finden, der seine Vorstellungen verwirklichte. Sein Blick fiel auf Hieronymus Lotter, den Leipziger Baumeister, Unternehmer, mehrmaligen Bürgermeister und Erbauer des giebelreichen alten Leipziger Rathauses, das er mit dem Steinmetzmeister Paul Speck erbaut hatte. Es blieb bis heute erhalten.

Schloss Augustusburg, Hauptportal.

Lotter versuchte auszuweichen. Vielleicht war ihm der Jähzorn des Kurfürsten bekannt, vielleicht mochte er ihn nicht. Lotter war nicht mehr jung. Für einen Landesherrn zu bauen, das ahnte der erfahrene Mann, würde gewiss nicht einfach sein. Er schob seine Jahre vor. Er war 69. Es half ihm nicht. August und seine Frau Anna drängten ihn, baten ihn gar. Lotter gab nach, nachdem der Kurfürst versprochen hatte, seiner Arbeit »sunderlich mit allen Gnaden gedenken zu wollen«. Der Landesherr versicherte, dass er Lotter in die Bauleitung nicht hineinreden würde. Aber was sind schon Fürstenworte.

Baubeginn war im September 1568. Reste der alten Schellenburg wurden abgerissen. Bald kam es zu Verzögerungen im Arbeitsablauf. Der Kurfürst drängte. Lotter wehrte sich. Er wollte einen anständigen Bau errichten. Die Maurer murrten. Sie wurden zu stark angetrieben. Sie verlangten mehr Geld, legten gar die Arbeit nieder. Lotter - zwischendurch krank - wurde ein Gehilfe beigegeben. Der wollte seine eigene Suppe kochen, legte dem Kurfürsten andere Vorschläge zum Bau des Schlosses auf den Tisch. Das Verhältnis zwischen Bauherr und Baumeister verschlechterte sich zusehends, bald wurde es für Lotter unerträglich. Der Kurfürst warf ihm vor, dass er sich nicht gebührend um das Schloss kümmere, mutwillig die Bauzeit verzögere, um mehr Geld herauszuschlagen. Als der Landesherr gar Zahlungen verweigerte, Rechnungen offen ließ, legte Lotter die Forderungen der Handwerker und Maurer aus eigener Tasche aus. Schließlich übertrug August die Bauleitung kurz vor Vollendung des Schlosses an den Gehilfen Rochus Guerrini Graf von Lynar. Als das Schloss eingeweiht wurde, fehlte Lotter. Er war nicht eingeladen worden. August verbot ihm kurz danach sogar, das Schloss zu betreten.

Lotter erhielt auch später keinen Dank. August blieb ihm 15 000 Gulden schuldig. Das Werk aber ließ sich der stolze Bürger, den neueste Forschungen nicht mehr als gestaltenden Architekten der Augustusburg sehen, nicht nehmen. Er schrieb an den Kurfürsten: »Und ich danke nunmehr Gott im himmel, daß ich solchen Bau ohne mengel biss an das Ende also verbracht habe.« Der einst so angesehene und wohlhabende Leipziger Bürgermeister starb 1580 verbittert auf seinem Hof in Geyer (Westerzgebirge).

Neues Eheglück

Historiker meinen, dass August mit der dänischen Königstochter Anna eine überaus glückliche Ehe geführt habe. Die Kurfürstin gebar 15 Kinder, vier erreichten das Erwachsenenalter. Nach Ihrem Tode - sie starb am 1. Oktober 1585, 52 Jahre alt - habe er sehr um sie getrauert. Das ist eine Mär.

Trauer wurde befohlen, wenigstens ein Jahr lang. So wollten es die Regularien. Man darf dieses viel gerühmte Eheverhältnis zumindest in Frage stellen. Anna war vor ihrem Tode längere Zeit krank gewesen. Das hinderte August nicht, im Moritzburger Revier seiner Jagdleidenschaft nachzugehen. Er war weder bei der Einsegnung der Toten noch bei ihrer Überführung in den Freiberger Dom, der Begräbnisstätte der Wettiner, anwesend. Die Begleitung der Toten überließ er seinem Sohn Christian. Kaum dass Anna beigesetzt war, wurde eine neue Vermählung ins Auge gefasst. Dazu ermutigte ihn der Kurfürst von Brandenburg Johann

Renaissance-Schloss Lichtenburg.

Georg zur »Wiedererfreuung des Gemüths«. Um sich zu trösten, ging Vater August mit dem Brandenburger auf Wildschweinjagd. Am 8. November geschah in Torgau Ungewöhnliches. August verlobte sich dort mit Agnes Hedwig von Anhalt-Dessau. Bereits am 3. Januar 1586, nach drei Monaten und zwei Tagen offizieller Trauerzeit, heiratete der Kurfürst die noch nicht Dreizehnjährige in Dessau. Sie war etwa drei Jahre jünger, als es Anna zur Hochzeit gewesen war. Er war 60 Jahre alt. Ein Gemälde aus dem Jahre 1586 zeigt ihn am Stock. Er schaut grimmig drein. Stirnglatze, Bart und verkniffener Mund dominieren. Agnes hatte Glück. Der Kurfürst starb sechs Wochen später an einem Schlaganfall.

Calvinistensturm in Leipzig

1586 war der zornige Kurfürst August gestorben. Seinem Versuch, die Calvinisten und die Anhänger Philipp Melanchthons, die Philippisten, zu vertreiben, sie gar auszurotten, war nur wenig Erfolg beschieden. Der Religionsstreit zwischen den orthodoxen Lutheranern und den Calvinisten hielt unvermindert an, ja er gewann in den Städten an Schärfe. Vor allem die Lutheraner verteufelten das calvinistische Bekenntnis, das der Schweizer Reformator Johannes Calvin begründet hatte. Eine neue Kirchenzucht und die Betonung der Allmacht Gottes standen im Mittelpunkt seiner Lehre. Auch das Abendmahl wich vom lutherischen ab.

Am 19. und 20. Mai 1593 kam es in Leipzig zum Calvinistensturm. Wohlhabende Leipziger Bürger sympathisierten mit Calvin. Er erschien ihnen weniger verbohrt, toleranter, gemäßigter als das erstarrte Luthueranertum. Auch im Rat der Stadt hingen ihm einige Stadtväter an. Calvinistisch gesinnte Pfarrer und Altlutheraner trugen auf Kanzeln Auseinandersetzungen aus. Die Lutheraner schürten den Konflikt. Dabei taten sich Studenten der Universität besonders hervor.

Sie riefen auf Flugschriften zur Verfolgung der Calvinisten und calvinistischen Pfarrer auf. Aufgehetzte Studenten und Handwerker griffen die Häuser wohlhabender Bürger an, die als calvinistisch galten. Mehrere Gebäude wurden am Naschmarkt gestürmt und geplündert. Der Kaufmann Adolf Weinhaus musste fliehen. Seine Wohnungseinrichtung wurde kurz und klein geschlagen, ein Bild von Albrecht Dürer zerrissen. Im Hintergrund dirigierte die orthodoxe Kirche.

Die Tumulte nahmen zu. Manufakturbesitzer wurden angegriffen. Der Stadtrat bekam Angst, befürchtete ihre Ausweitung. Calvinistengegner forderten die Ausweisung von 18 Personen. Die Lage begann sich zu drehen. Was als Calvinistensturm begonnen hatte, drohte zum Aufstand der Handwerker und Gesellen zu werden. Sie waren auf die Stadtväter keinesfalls gut zu sprechen. Der Rat forderte Ruhe, verbot dem gemeinen Mann »Tätliches« zu unternehmen. Etwa 40 Mann, die sich in den Tumulten besonders hervorgetan hatten, wurden verhaftet (Angaben schwanken). Neunzehn von ihnen kamen unter die Folter. Das Stadtgericht verurteilte vier zum Tode, einen Kürschner- und Zimmerergesellen, einen Lohnarbeiter und einen Maurer. Sie wurden auf Geheiß des Rates mit dem Schwert auf dem Markt enthauptet. Jene, die den Aufstand angestiftet hatten, wurden nicht zur Verantwortung gezogen, weder die Studenten noch die kirchlichen Würdenträger. Ungeachtet der Leipziger Ereignisse hielten die Auseinandersetzungen im Namen der Religion an. Auch in Dresden sollte das Schwert gezogen werden.

Kanzlerkopf abgeschlagen

Nach dem Tode des Kurfürsten August brachen in Sachsen die Christianzeiten an, die Regierung Christians I. und Christians II. Ihr Wirken und Walten kann wahrlich nicht zur sächsischen Glanzzeit gerechnet werden, auch wenn es –

wie nicht anders zu erwarten – neuerdings um ihre Aufwertungen geht. In Die Herrscher Sachsens, München 2004, S. 126, heißt es: »Diese Zeit um die Wende vom 16. zum 17. Jahrhundert erscheint auf den ersten Blick als unbedeutendes Intermezzo in der Geschichte Sachsens.« Neuere Forschungen bestätigen Christian I. gar einen »Hang zu großen Plänen und Vorhaben«. Kunsthistoriker Joachim Menzhausen bezeichnet ihn als »hochbegabten Kurfürsten« (Kulturlandschaft Sachsen, S. 108). Dem steht das ältere Urteil »Sauffürsten« gegenüber. In der Tat haben sich beide Wettiner totgesoffen. Fest steht: In der frühen Neuzeit herrschte viel Unruhe in Sachsen. Die konfessionellen Auseinandersetzungen hielten an. Sie wurden vor allem von der lutherischen Orthodoxie und großen Teilen des Adels voller Hass gegen die Calvinisten geführt. Lutherisches Geschrei erklang auf Kanzeln und Plätzen. Dazu kam die katholische Gegenreformation. Sie versuchte, auch in Sachsen Boden gut zu machen.

Christian I. wurde von dem philippistisch (calvinistisch) gesonnenen Hofprediger Christian Schütz erzogen. Obschon der Mann sehr vorsichtig agierte, bezichtigte ihn die lutherische Orthodoxie des Philippismus´. Vater August, der aufrechte Lutheraner und Calvinistenhasser, ließ ihn einsperren. Das war bestimmt ein Schock für den damals 14-jährigen Christian, der an ihm gehangen haben soll. Ein Lutheraner wurde als neuer Lehrer bestellt. Aber Schütz hatte den Grund gelegt, der nicht aufzuweichen war. Als Christian I. die Regierung übernahm, gewannen die Calvinisten am Dresdner Hof an Einfluss. Ein Mann von außerordentlichem Talent und diplomatischen Fähigkeiten begann die Geschicke des Landes zu steuern: Dr. Nicolaus Krell, bürgerlicher Herkunft und aus Leipzig stammend, hoch gebildet, erlangte das Vertrauen des Kurfürsten. 1589 ernannte ihn Christian zum Kanzler. Damit war Krell zum mächtigsten Mann in Sachsen aufgestiegen. Eine Gegenbewegung der Calvinisten setzte ein, die ebenfalls intolerant war. Die orthodoxen Lutheraner wurden aus dem Hof- und Staatsgeschehen gedrängt, lutherische Pfarrer der Stadt verwiesen. Vorsichtig steuerte Krell außenpolitisch eine Abkehr Sachsens vom katholischen Habsburg an, begann die Macht der adeligen Stände einzuschränken, löste den Geheimen Rat auf und ermunterte seinen Landesherrn zum absolutistischen Regieren. Das sicherte ihm den Hass der adligen Stände zu. Christians Frau Sophie, eine glühende Lutheranerin aus dem Hause Brandenburg, wurde zur entfesselten Feindin Krells. Ihre Stunde sollte schneller kommen, als sie es wahrscheinlich angenommen hatte.

Als auch religiöse Gewohnheiten in Frage gestellt wurden, trat Volkes Zorn auf den Plan. Der Exorzismus, gemeint ist die Teufelsvertreibung während der Kindtaufe, wurde untersagt. Dem gemeinen Mann war diese Handlung tief vertraut. Mit der Vertreibung des Teufels – so glaubte man – wurde das Tor in den Himmel offen gehalten und das Kind von allem Bösen befreit. Erzählt wird, dass ein Fleischermeister einen Pfarrer mit dem erhobenen Beil zwang, seinem Kind die Vertreibung des Teufels angedeihen zu lassen. Unterm Beil sprach er die Formel: »Fahr aus, Du unreiner Geist, und gib Raum dem heiligen Geist.« Der Kurfürst selbst setzte ein Zeichen. Er ließ seine Tochter Dorothea ohne Exorzismus gegen den erbitterten Widerstand seiner Frau taufen. Wer von den Pfarrern gegen die Anordnung verstieß und nicht zur Aufgabe der Teufelsaustreibung bereit war, wurde nach Ermahnung aus dem Kirchendienst entlassen, ja gar des Landes verwiesen. So erging es mehreren Pfarrern aus Pirna, aus Dresden. Theologische Bücher und Schriften über die Erneuerung des Kirchenwesens wurden in Dresden herausgegeben. Christian selbst gab sich als Herausgeber zu erkennen. Ein neues Gesangbuch mit reformierten Liedern kam heraus.

Die Anfeindungen nahmen trotz der Verbote zu. Außerhalb Sachsens griffen geflohene Lutheraner Krell und den reformierten Dresdner Hof an. Krell ließ sich nicht einschüchtern. Er begann, eine Allianz mit Frankreich zu schmieden, dem Hauptfeind der katholischen Habsburger, suchte die Nähe Englands und Hollands, der Kurpfalz. Er sympathisierte mit calvinistischen Auffassungen Heinrich von Navarras, der die Königskrone in Frankreich geerbt hatte (Heinrich IV., anfangs protestantisch, trat später zum Katholizismus über), Schon glaubten Optimisten, dass es in Sachsen tatsächlich zu Kirchenreformen kommen würde, die das erstarrte Luthertum aufbrechen würden. Da starb Christian I., erst 31 Jahre alt. Er hatte nur fünf Jahre regiert. Über die Todesursache besteht Klarheit: Die Trunksucht hatte ihn ins Grab gebracht. (Neuerdings wird gefragt, ob er vielleicht vergiftet worden sei.) Die Zeit für Krells Gegner war gekommen. Sie holten zum großen Schlag aus.

Was jetzt geschah, war wider jedes Gesetz. Krell und andere wurden verhaftet oder aus Sachsen vertrieben. Der Kanzler Christians I. wurde auf den Königstein gebracht und gefoltert. Theologen, die Mutter Christians I., Sophie, und adelige Krellgegner schmiedeten eine Allianz gegen den Kanzler. Alle Versuche, ihm schuldhaftes Verhalten, gar Verbrechen nachzuweisen, erbrachten nichts Verwertbares. Krells vorsichtige außenpolitische Abwendung von Habsburg wurde sofort korrigiert. Das protestantische Sachsen wurde »bäpstisch« (päpstisch). Gegen Krell wurde verbrecherisch gehandelt. Er wurde zehn Jahre ohne Anklage im Kerker gehalten. Seine Gegner, allen voran die Brandenburgerin, forderten Krells Hinrichtung. Es gab Kräfte, die dies verhindern wollten. Aber die meisten Sachsen wünschten: »kreuziget ihn«. Kurfürst Christian II., inzwischen volljährig und in Regierungsverantwortung, hätte dem ganzen Spuk ein Ende setzen können. Aber er, der öfter betrunken als nüchtern war, ließ seiner Mutter und Krells Feinden freien Lauf. Sie erwirkten am katholischen Kaiserhof Rudolfs II. in Prag ein Todesurteil. Krell wurde der Störung »gemeines Vaterlandes Ruhe und Einigkeit« beschuldigt. Das Urteil war völlig unbegründet, schon gar nicht rechtfertigte es den Tod.

Krell wurde nach Dresden gebracht. Die Enthauptung wurde für den 9. Oktober 1601 festgesetzt. Die blutrünstige Sophie war am Ziel. Sie ließ sich auf dem Dresdner Jüdenhof (vor dem Johanneum am Neumarkt) einen Ehrenplatz errichten. Dort sah sie zu, wie der Kopf des kursächsischen Kanzlers abgeschlagen wurde. Die Zuschauer grölten, als der Scharfrichter den blutenden Kopf hob. Dies alles geschah im Namen Gottes und lutherischen Wirkens, gedeckt von des Kaisers Zustimmung. Ein Justizmord war geschehen. Die brandenburgische Salome fuhr zufrieden auf Schloss Colditz, ihren Witwensitz, zurück.

Christian II., den die Zeitgenossen »das fromme Herz« nannten, war bei der Hinrichtung nicht zugegen. Er starb 1611 knapp zehn Jahre später im Alter von 28 Jahren. Er hatte zuvor bei großer Sommerhitze und nach einem Ritterspiel im Dresdner Stallhof »einen gewaltigen Schluck kalten Bieres zu sich genommen«. Es ist tragisch, dass Sachsen in der Zeit des Aufbruchs vom Mittelalter in die Neuzeit zwei minderbemittelte Kurfürsten vorstanden. Christian II. reiste gern nach Prag. Dort soll er »seinen eigenen Worten zufolge kaum eine Stunde nüchtern gewesen sein«. Sachsen verlor in dieser Zeit jeden Einfluss »unter den protestantischen Reichsparteien« (Menzhausen, S. 108).

Adlige Prasserei

Der sächsische Adel lebte auf Kosten der Handwerker, Bauern, Kaufleute und städtischen Bürger. Er beschwerte sie mit Abgaben und ließ sie für sich arbeiten, ernten, fischen, pflügen, fronen. Zum Feiern war er häufig aufgelegt. Zur maßlosen Völlerei kam es auf der Hochzeit der 16-jährigen Prinzessin Anna, Schwester des verstorbenen Kurfürsten Moritz, mit dem Prinzen Wilhelm von Oranien. Die Eheschließung erfolgte in Leipzig. In einem Bericht hieß es: »17 Fürsten ritten mit großem Gefolge in die Stadt ein. Fünftausendsechshundertsiebenundvierzig Pferde mussten gefüttert werden. Ein Meißner Küchenmeister hielt den Verzehr fest. Rund dreihundert Ochsen, eintausendzweihundert Kälber und dreitausend Hammel wurden verspeist. Dazu kamen Rot- und Schwarzwild, Geflügel und Fisch. Getrunken wurden zweihundertzweiundvierzigtausend Liter Wein und tausendsechshundert Fass Bier.« Selbst wenn diese Zahlen überhöht sind, darf man auch weniger durchaus als Prasserei bezeichnen. Es ist nicht bekannt, ob die Hochzeitsgäste mit Magenbeschwerden abreisten. Oder vielleicht doch nicht. Das ist nicht die einzige Quelle, die belegt: Der Adel, die Wettiner des 17. Jahrhunderts, liebte das Fressen und das Saufen. Also waren es die Mägen gewohnt.

Kaiser- und reichstreu bis in den Tod

Auf dem Dresdner Fürstenzug reiten die Herren Wettiner, Markgrafen, Kurfürsten und Könige. Ihre Köpfe unter großartigen Hüten, in würdiger Statur, mit kühnen Blicken, Schwerter an der Seite. Die Pferde prächtig geschmückt, sitzen sie auf kostbaren Sätteln und Decken. So hat Wilhelm Walther, der Schöpfer des Dresdner Fürstenzuges, das Geschlecht in Szene gesetzt, voller Ehrfurcht und künstlerischer Überhöhung. Dennoch muss man feststellen: Viele der Wettiner gehören wahrlich nicht zu den hellen Köpfen des deutschen Adels. Umso erstaunlicher ist es, dass sie bis 1918, über 800 Jahre, residierten. Aber sie waren ja von Gott auserwählt. Und der war gnädig und übersah sehr lange ihre Schwächen.

Die Hoffnung, dass mit dem zweiten Sohn Christians I., Johann Georg, ein entschlossener, zupackender Kurfürst auf den Kurfürstenthron gelangt, erfüllte sich nicht. Auch er blieb seinen Vorherrschern treu: Er lehnte die Calvinisten ab.

Ihm galt »Du Calvinist« als schlimmstes Schimpfwort. Und er blieb der evangelischen Union von Auhausen fern, die sich gegen den Katholizismus wehrte. Habsburg dankte es ihm, indem es ihn ironisch als »treugehorsam(en) Churfürst« bezeichnete, mit dem man »in allen puncten eines sinnes und eines herzens« gewesen sei (Herrscher Sachsens, S. 140).

Kurfürst Johann Georg I. regierte in der Zeit des Dreißigjährigen Krieges. Er vermochte das Geschehen kaum zu überschauen, geschweige denn kräftig zu beeinflussen. Karlheinz Blaschke urteilt: »Ihm fehlte der weite Blick, die Beharrlichkeit seines Wollens, die nötige Tatkraft und Folgerichtigkeit seiner Entschlüsse. Seine schwankende Haltung machte alle Parteien gegen ihn misstrauisch.« Und in »Die Herrscher Sachsens«, Seite 137, fragt Axel Gotthard, »ob der biedere Zecher überhaupt begriffen hat, welche Schlüsselrolle im dreißigjährigen deutschen Kriegstheater für ihn vorgesehen war?«

In diesem Krieg wechselte Johann Georg I. dreimal die Fronten. Anfangs kämpfte er, ein protestantischer Fürst, gemeinsam mit dem katholischen Kaiser gegen die protestantischen Böhmer, dann sah man die Sachsen an der Seite des protestantischen Schwedenkönigs Gustav Adolf. Als Gustav Adolf in der Schlacht bei Lützen fiel, wechselte Johann Georg wieder zum Kaiser. Das brachte ihm den Zorn der Schweden ein, die Sachsen mit Feuer und Schwert überzogen. Ganze Landstriche wurden verwüstet, Städte niedergebrannt. Vielleicht wäre dies Sachsen erspart geblieben, hätte der Kurfürst die Schweden nicht provoziert und verraten. Spätestens mit ihm begann ein weiteres unglückseliges Kapitel sächsischer Geschichte: In schwierigen Zeiten verbanden sich die Wettiner meist mit den Verkehrten. Am Ende fand man Sachsen auf der Seite der Verlierer. Dies darf man tragisch nennen, richtiger ist wohl, den Wettinern und ihren Beratern Unfähigkeit zu bestätigen. Die Liste der Fehlentscheidungen ist lang. Um nur einige zu nennen. Preußen bestrafte den Frontwechsel zu Habsburg in den Schlesischen Kriegen und im Siebenjährigen Krieg. Sachsen war ruiniert. Der Krieg gegen Napoleon mit Preußen endete mit der Niederlage bei Auerstedt. Das Ausharren Friedrich Augusts I. an der Seite Napoleons in der Völkerschlacht bei Leipzig führte Sachsen in die größte Katastrophe seiner Geschichte. Es verlor 58 Prozent seines Territoriums und 42 Prozent seiner Bevölkerung an Preußen. Sachsen war politisch erledigt.

Johann Georgs Kaiser- und Reichstreue war unglücklich. Seine Pflicht als protestantischer Fürst wäre es gewesen, sich gegen den Kaiser und die katholische Liga zu stellen, zumal er kaum eigene Reichsziele verfolgte, sondern dem Hause Habsburg Vorteile zu verschaffen suchte. Er, der Protestant, stärkte die Gegenreformation. In Wien war man mit Kur-

Amalienburg und Franz-Joseph-Statue, Wien.

fürst Georg sehr zufrieden. Sein Berater und Hofprediger Hoe von Hoenegg, der starken Einfluss auf den Wettiner ausübte, teilte mit: Er »malet die Calvinisten und rebellischen Böhmen mit schwarzer Farbe«. Anmaßend war des Kaisers Forderung, die enteigneten Kirchengüter der Klöster und Bistümer - ein Ergebnis der Reformation - der katholischen Kirche zurückzugeben. Da wurde sogar Johann Georg störrisch, denn mit den Bistümern Meißen, Merseburg und Naumburg, die sich die Wettiner zugeschlagen hatten, besaßen sie Gebiete, die der Kaiser beanspruchte. Trotzdem blieb er bei seiner Lebensmaxime: »Ich fürchte Gott, liebe Gerechtigkeit und ehre meinen Kaiser.« Einfältiger geht es nicht. Im katholischen Lager wurde von einem »treugehorsamen«, nützlichen »Idioten« gesprochen, während die protestantischen Fürsten über Sachsens Politik entsetzt waren. Sie war Verrat an der evangelischen Konfession. Johann Georgs Biederkeit kannte keine Grenzen: In seinem Testament empfahl er seinen Nachfolgern, den Kaiser als »das höchste Oberhaupt der Christenheit« zu ehren (Die Herrscher Sachsens, S. 138).

Nun geschieht »Erfreuliches«. Neue Forschungen zur Landesgeschichte Sachsens liegen vor. Die Ergebnisse werden dem Haus Wettin gefallen. So undankbar sind Historiker gar nicht. Johannes Burkhardt zum Beispiel versucht nachzuweisen, dass die Schelte der älteren Historiker auf Johann Georg unberechtigt sei. Wenn nicht der Kurfürst, dann eben seine Berater haben »Interesse und Position des Dresdner Hofs durchaus zur Geltung gebracht und das unter den Bedingungen des Krieges nicht schlecht« (Dresdner Hefte 56/4/98, S. 7). Und weiter heißt es: »Wäre dieses Prädikat nicht schon für einen anderen sächsischen Kurfürsten vergeben (gemeint ist Kurfürst Friedrich der Weise in Torgau)... sollte man Johann Georg I. ›den Weisen‹ nennen.« Ein solches Urteil ist lächerlich. Im erwähnten Heft mindert der Historiker Reiner Groß: »Zeitgenossen und Nachwelt waren sich bis in die jüngste Vergangenheit relativ einig, daß dieser albertinische Wettiner den großen politischen Anforderungen seiner Zeit nicht so recht gewachsen sei.« Immerhin ein mutiger Konjunktiv. Zur Ehre einiger Historiker, die sich mit dem Umschreiben von Geschichte schwer tun, sei gesagt, dass auch in jüngster Zeit an kritischen Urteilen festgehalten wird. So zu lesen bei Axel Gotthard (Herrscher Sachsens, S. 143): »Wenn gutes ›Timing‹ zur guten Politik gehört, dann waren die Dresdner Stümper.« Und er wiederholt die wohlbekannte Tatsache, dass Johann Georg I. »sein Quäntchen Geist im Alkohol ertränkt habe«, weil es Abend für Abend »wieder ans sauffen gehet«, dass »an diesem hof schier mehr von saufen und fressen und von jagden als von anderen sachen diskurrirt« werde (S. 147). Bereits in zeitgenössischen Akten wird Johann Georg I. als »Bierjörg« bezeichnet.

Die Eroberung Bautzens

Die Eroberung Bautzens gehört nicht zu den Ruhmestaten Johann Georgs I. Die Oberlausitz war Nebenland der böhmischen Krone. Die böhmischen Stände verweigerten Kaiser Ferdinand II., dem Protestantenhasser, die Gefolgschaft. Sie wählten den Kurfürsten von der Pfalz, einen Calvinisten, zum böhmischen König. Die Oberlausitzer stimmten nach langem Zögern dieser Wahl zu. Das sollte sich rächen. Ferdinand schlug den Pfälzer, den sogenannten Winterkönig, und handelte danach mit eiserner Hand.

Er übertrug seinem treuen Johann Georg die Bestrafung der Bautzner und die Unterwerfung der Oberlausitz. Ein 12 000 Mann starkes kursächsisches Heer marschierte auf Bautzen zu. Die Belagerung der Stadt begann am 19. September 1620. Am 3. Oktober erschien Johann Georg I. persönlich vor den Mauern. Die Belagerung war ihm zu flau. Er gab Befehl, den Widerstand der Bautzner zu brechen. Ein gnadenloser Beschuss setzte ein. Bautzen ging in Flammen

Bautzen, Alte Wasserkunst.

auf. Als die Proviant- und Munitionsvorräte zur Neige gingen, gaben die Verteidiger auf. Johann Georg hatte den Befehl des Kaisers ausgeführt und die Oberlausitz unterworfen. Der Kaiser bedankte sich später. Er überließ ihm die Ober- und Niederlausitz als Pfand. Diese Entscheidung wurde im Westfälischen Frieden 1648, der den Dreißigjährigen Krieg beendete, offiziell bestätigt.

Johann Georgs verhängnisvolles Testament

Johann Georg I. wirkte selbst über seinen Tod hinaus unglücklich, ja verantwortungslos. Mit seinem Testament bewies er, »daß er den Blick für die politischen Erfordernisse seiner Zeit verloren hatte« (R. Groß, Geschichte Sachsens, S. 108). Während andere deutsche Fürsten die Unteilbarkeit ihrer Territorien beschlossen, ihren Machtbereich spürbar konzentrierten, fiel Johann Georg in alte Versorgungsvorstellungen zurück. Er befahl, seinen Besitz für seine Söhne zu teilen. Das Haupstück sollte sein ältester Sohn Johann Georg II. als Kurfürst erhalten.

Johann Georg I. starb 1656. Sein Testament wurde gegen die Bedenken der Stände rechtskräftig. Es entstanden drei Nebenlinien der albertinischen Wettiner, die sogenannten Sekundogenituren, in Weißenfels, Merseburg und Zeitz. Diese Nebenlinien strebten nach Eigenständigkeit. Mit dem Testament hatte sich Georg I. über die »Väterliche Ordnung« seines Urgroßvaters Herzog Albrecht hinweggesetzt. Der hatte die Unteilbarkeit des wettinischen Territoriums befohlen. Dieser Weitblick ging Johann Georg I. ab. Die Teilung schwächte die Finanzkraft des Kurstaates und dessen politisches Gewicht. Johann Georgs Teilung trug zur späteren Überlegenheit Brandenburg-Preußens gegenüber Sachsen bei.

Thomasius aus Sachsen verjagt

An der Leipziger Universität lehrten gegen Ende des 17. Jahrhunderts trotz geistiger und religiöser Erstarrung bedeutende Gelehrte. Allerdings war es schwer, sich dort zu behaupten, wenn man sich der »Mutter aller Wissenschaften«, der Theologie, nicht unterordnete. Einer von ihnen war der Jurist und Philosoph Christian Thomasius (1655-1728), ein Zeitgenosse der augusteischen Zeit. Er war ein Mann der Früh-Aufklärung, der bald seine Vorlesungen in deutscher Sprache hielt und eine deutschsprachige Zeitschrift herausgab. Das war etwas Außergewöhnliches. Damit brachte er einen Großteil der deutschen Gelehrtenwelt gegen sich auf, insbesondere die tonangebende theologische Fakultät. Vorlesungen an den Universitäten wurden in lateinischer Sprache vorgetragen. Das war immer so, und sollte auch künftig so bleiben. Nach Luthers Übersetzung des Neuen Testaments ins Deutsche – 1522 gedruckt – hatte das Lateinische wieder zugelegt.

Thomasius, Sohn eines Leipziger Professors, fand sich mit diesen Zuständen nicht ab. Sie schienen ihm längst veraltet. Als Jurist forderte er eine humanere Strafordnung. Entschieden wandte er sich gegen Aberglauben und Hexenprozesse, trat als Verteidiger in Kriminalfällen auf. Er verneinte die Existenz von Hexen, die man wissenschaftlich zu beweisen versuchte, und verlangte die Abschaffung der Folter. Er verwarf die Möglichkeit von Teufelsbündnissen, kritisierte das engstirnige Festhalten an verzopfter Gelehrsamkeit. Als er die Bigamie als erlaubt ansah, weil sie dem Naturrecht entspreche, erfuhr er heftige Ablehnung; als er gar seinen Kollegen Geisteserstarrung vorhielt, war an der Leipziger Universität für Thomasius kein Bleiben mehr. Wütend wandten sich die Gelehrten gegen ihn. Und hatten Erfolg. Thomasius wurde als »Rebell gegen alle Fürsten der Erde« aus dem Kurfürstentum Sachsen verjagt.

Das benachbarte preußische Halle nahm den Gelehrten gern auf, ja er kam dem preußischen Kurfürsten Friedrich III., dem späteren König in Preußen Friedrich I., zur rechten Zeit. Dem Hohenzollern schien der Gelehrte nahezu sympathisch zu sein. Vielleicht aber war er nur froh, dass Sachsen einen solchen Mann verloren hatte. In Halle sollte eine Konkurrenzuniversität zur Leipziger entstehen. 1694 war es soweit. Leipzigs und Wiens Bemühungen, eine hallesche Universität zu verhindern, scheiterten. Die hallesche Universität »alma mater hallensis« wurde geweiht. Christian Thomasius wurde ihr erster Prorektor. Damit erwiesen sich die Hohenzollern wieder weitsichtiger als die Wettiner in Dresden. Von Kurfürst Johann Georg IV., dem Interesse für Wissenschaften bestätigt wird, ist nicht bekannt, dass er sich für Thomasius engagiert hat. Verständlich: Der Gelehrte bezweifelte das Gottesgnadentum der Monarchen und verwies darauf, dass ihnen die Macht vom Volk verliehen sei. Dem

Wirken Thomasius´ und anderen ist zu danken, dass die Universität Halle zur »modernsten Universität« in Deutschland aufstieg.

Friedrich Augusts Übertritt zum Katholizismus

23. Mai 1697, Baden bei Wien. Ein Treffen war in aller Heimlichkeit mit dem Bischof von Raab (Györ) Christian August, gebürtiger Herzog von Weißenfels, und Kurfürst Friedrich Augst I. vorbereitet worden. Man war in Familie. Christian August war ein Onkel Friedrich Augusts. Der Kurfürst sollte die Wohnung des Bischofs als Protestant betreten und als Katholik verlassen. Christian August aus der Nebenlinie Sachsen Zeitz war vor einigen Jahren zum katholischen Glauben konvertiert und hatte es zum Bischof in Ungarn gebracht. Er nahm dem Kurfürsten die Generalbeichte ab, ließ ihn das katholische Glaubensbekenntnis sprechen und reichte ihm das Abendmahl nach römischem Ritus. Papiere wurden aufgesetzt, strikte Geheimhaltung befohlen. Ein ordentlicher Geldbetrag wurde dem Bischof ausgehändigt. Kuriere machten sich nach Warschau auf, um die Nachricht den Polen zu überbringen.

Nach dem Tode des polnischen Königs Jan Sobieski, des Türkenbezwingers vor Wien, war die polnische Krone zu vergeben. Die konnte nur erringen, wer katholisch war und genügend für sie zahlte. Sie zu erlangen war der junge Wettiner, Kurfürst des protestantischen Sachsens, entschlossen. Ging es schief, musste sein Übertritt nicht bekannt werden. Falls doch, würde man schon eine Erklärung finden.

Als der Religionswechsel des Kurfürsten zur römisch-katholischen Kirche bekannt wurde, schrie das lutherische Sachsen auf. Die Sachsen sahen ihre Religion wegen einer schnöden Krone verraten. Klagen und Weinen setzte ein. Die kursächsischen Landesstände traten »willkürlich« in Dresden zusammen. Das war offene Opposition gegen den Kurfürsten. Ihm war es vorbehalten, die Stände einzuberufen. Friedrich August bemühte sich zu beruhigen. Er versicherte seinen Landeskindern, dass alles »bei der augsburgischen Konfession, hergebrachten Gewissensfreiheit, Kirchen, Gottesdienst, Universitäten« bleiben werde. Und er versprach, dass niemand zum Wechsel des Glaubens gezwungen würde.

Die protestantische Kirche und die älteren sächsischen Regionalhistoriker verurteilten den Übertritt einhellig. Das war im Mutterland der Reformation ungeheuer. Verrat seines Glaubens wurde dem Wettiner vorgehalten. Man fürchtete um den rechten Glauben, hörte die römischen Fanfaren zur Rückkehr des Hauses Wettin in den Schoß des Heiligen Stuhls blasen.

Der Vorwurf des Religionsverrats hat Friedrich August wenig beeindruckt. Es war für ihn ein formaler, pragmatischer Wechsel zu einer anderen Konfession. Mit einem wirklichen Sinnes- und Glaubenswandel hatte der Übertritt nichts zu tun. Friedrich August wurde schon früh ein laxes Verhältnis zur Religion bestätigt.

Mit seinem Übertritt mutete der Wettiner den Sachsen ohne Bedenken einen katholischen Fürsten zu. Die Aufgabe der lutherischen Konfession war ein Bruch der Verfassung, die den lutherischen Glauben in Sachsen festgeschrieben hatte. August der Starke war schließlich oberster Bischof des Landes. Zu Beginn seiner Regentschaft hatte er den Ständen geschworen, ihren lutherischen Glauben zu schützen. Dass er in einem Brief nach der Krönung in Krakau an den Papst schrieb, dass er sich von »den Finsternissen des Luthertums« befreit und »zum wahren und wunderbaren Licht der katholischen Religion« bekannt hat, wird er seinen lieben Sachsen nicht mitgeteilt haben, auch nicht seinen »glühenden Wunsch, den Kultus dieses allerheiligsten Glaubens nicht allein zu beschützen, sondern mit Aufopferung meines Lebens zu verbreiten. ...Für diesen alleinigen Zweck habe ich mein Haupt der Last dieser Krone unterworfen.« Der Vatikan frohlockte, träumte von der Wiederkehr der Sachsen in die Arme der katholischen Kirche. Aber auch ihm wurde vorenthalten, dass der Kurfürst seinen Sachsen versicherte, ihre Religion nicht anzutasten. Er ließ sie wissen, dass er nur für sich die römisch-katholische Religion angenommen habe. Das gab er an den Kirchtüren bekannt. Welch ein doppeltes, unehrliches Spiel! Die Erhöhung zum polnischen König, die von Friedrich Augusts Ehrgeiz getrieben wurde, wog die kommenden Kriege, Niederlagen, die Sachsen erdulden musste, in keiner Weise auf. Am Ende der augusteischen Zeit (1694-1763), die zu gern als sächsische Glanzepoche dargestellt wird, stand die Katastrophe des Siebenjährigen Krieges, die Sachsen als Verlierer und Brandenburg-Preußen mit dem endgültigen Besitz Schlesiens als Sieger sah. Der Nachbar war zur Großmacht aufgestiegen.

Teure Krone

Geld, Geld, Geld, forderte der mit Schaffell und Keule ausgestattete »Hercules Saxonicus«, abgebildet auf einer 1694 geprägten Medaille. Der antike Held, der Landschaften von Ungeheuern befreite und voll bester Tugenden war, zu Beginn seines Regierungsantritts als Vorbild? Ein hehres Ziel.

Die polnische Krone wurde teuer erkauft. Friedrich August war 27 Jahre alt, als er nach ihr griff. Die Geschichte wollte es, dass die Rechnung, mit der er seinen Übertritt zum Katholizismus bezahlte, erhalten blieb. Der Bischof von Raab, der Friedrich August konvertierte, erhielt 6 956 Gulden. Um zu Geld zu kommen, waren Friedrich Augst alle Mittel recht. Er verkaufte oder verpfändete uralte kursächsische Ansprüche und Anwartschaften. Sachsens Anrecht auf Sachsen-Lauenburg wurde für 733 333 Taler 6 Pfennige

Braunschweig-Lüneburg überlassen. Was besonders ins Gewicht fiel: Mit einigen Verkäufen stärkte er seinen Rivalen Brandenburg-Preußen. Die Hohenzollern erwarben die Schutzvogtei über das Stiftsgebiet Quedlinburg, und das Amt Petersberg bei Halle. Der »Hercules« scheute nicht davor zurück, den Stammsitz des Hauses, die Burg Wettin, den Hohenzollern zu überlassen. Juwelen wurden im Wert von einer Million Gulden an die Jesuiten in Wien verpfändet. Der Jude Berend Lehmann soll ihm zehn Millionen Taler be-

August der Starke.

schafft haben. Der Kurfürst erpresste Städte und Stände, Gesandte und Klöster, indem er ihnen Geschenke abforderte. Allein drei Millionen Taler Bestechungsgelder sollen an den polnischen Adel und die katholische Kirche geflossen sein. Nach Friedrich Augusts Tod 1733 machte sein Sohn Friedrich August II. Polen eine Rechnung auf. Sachsen fordert 38 931 714 Reichstaler zurück. Das war ein naives Ansinnen. Die Republik lehnte ab. Sachsen sah niemals einen Heller wieder, den August der Starke in die polnische Krone gesteckt hatte. Schließlich hatten ihn die Polen nicht gebeten, ihr König zu werden.

Zeitgenossin Liselotte von der Pfalz, Schwägerin Ludwigs XIV. und geistreiche Klatschdame ersten Ranges, fragte: »Wäre dieser Kurfürst nicht tausendmal glücklicher gewesen, wenn er hübsch ohne sich zu plagen in Ruhe und Frieden Kurfürst von Sachsen geblieben wäre, als über eine so interessierte und unbeständige Nation König zu sein?« Ob er glücklich geworden wäre, bleibt Spekulation. Sachsen jedenfalls hätte er viel Ungemach erspart. Die polnische Krone erwies sich weder als dauerhaft, noch brachte sie Sachsen vorteilhaften Gewinn und erhöhten politischen Einfluss im Reich. Gegenwärtig gibt es über August den Starken, der nach der politischen Wende zum sächsischen Haupthelden aufgestiegen ist, vereinzelt harte Urteile. Blaschke spricht von »einer Veruntreuung von Staatseigentum«, beschuldigt den Wettiner des »Landesverrats« (Sachsen und Polen zwischen 1697 und 1765, S. 64). Solche Urteile allerdings sind rar.

Verhängnisvolles Treffen in Rawa

Zar Peter I. und Friedrich August I., – als polnischer König August II. genannt – trafen sich im August 1698 zum ersten Mal in Rawa Ruska, nördlich Lemberg (Lwow). Drei Tage nahmen sie sich füreinander Zeit. Peter hing ein rückständiges Land an, das in Europa nur eine untergeordnete Rolle spielte. Er suchte nach Verbündeten im Kampf gegen Schweden. Vor allem wünschte er einen Zugang zur Ostsee, den ihm die Schweden verwehrten. Friedrich August hatte den Polen vor der Krönung allzu bereitwillig die Rückeroberung von Schweden besetzter Territorien versprochen. Es bestand also viel Grund, aufeinander neugierig zu sein und Bündnisse zu schließen.

Übereinstimmend heißt es in Berichten, dass sich der Russe und der Sachse ausgezeichnet verstanden hätten. Der österreichische Gesandte schrieb nach Wien, dass die beiden »in solche bruderliche vertraulichkeith kommen, das beide einen Kleidertausch getroffen«. Andere hoben hervor, dass Peter und Friedrich August viele Stunden »ohne unterlaß in Trinken zugebracht«. Peter, der zu dieser Zeit noch keine schlagkräftige Armee besaß, soll von den sächsischen Regimentern, die ihm Friedrich August vorgeführt hatte, begeistert gewesen sein. Der Russe handelte entschlossen. Er schlug dem polnischen König in Rawa Ruska vor, die schwedische Großmacht vom Festland zu verjagen. Friedrich August stimmte zu. Das war die Chance, das einst polnische Livland, heute Teile von Estland und Lettland, wieder für Polen zurückzuerobern. Man würde es ihm danken, malte er sich aus. Dieses heimliche Bündnis, dem sich wenig später

König Karl XII., Stockholm.

der dänische König anschloss, führte zum Ausbruch des Nordischen Krieges. 21 Jahre sollte er sich hinziehen.

Im Februar 1700 fielen sächsische Truppen ohne polnische Kriegserklärung in das von Schweden besetzte Livland ein. Nach Anfangserfolgen geriet ihr Angriff ins Stocken. Riga, das genommen werden sollte, widerstand der Belagerung. Daran konnte auch August II. nichts ändern, der persönlich an der Belagerung der Stadt teilnahm. Der leichtfertig begonnene Krieg, für den es aus sächsischer Sicht keinen Grund gab, führte Kursachsen in eine Katastrophe. Die Truppen des jungen Karls XII. jagten August II. von einer Niederlage in die andere. Die Polen bekamen den Krieg schnell satt. Sie warfen ihrem König vor, den Krieg ohne ihre Zustimmung begonnen zu haben. Sie und Karl entthronten den Wettiner. 1706 war das Fiasko perfekt. Die Schweden besetzten Sachsen. Karl XII. zwang August II., auf die polnische Krone zu verzichten. Die Schweden überwinterten in Sachsen und ließen es sich gut gehen.

Berechnungen ergaben, dass Kursachsen allein an Kontributionen 23 Millionen Taler an Schweden zu zahlen hatte. Es war ein verantwortungsloser Krieg, auf den sich der Kurfürst und König eingelassen hatten. Erst 1721 wurde Frieden geschlossen. Brandenburg, das viel später in den Krieg gegen Schweden eingetreten war, gewann neue Territorien hinzu. Russland stieg zur Großmacht auf. Nur Sachsens Kurfürst ging leer aus, sieht man von einigen erbeuteten schwedischen Regimentsfahnen ab. Wieder war – wie schon in den erfolglosen Feldzügen 1695 und 1696 in Ungarn gegen die Türken, die Friedrich August als Oberbefehlshaber des Kaisers kommandiert hatte – der Feldherrnlorbeer dürr ausgefallen. Nein, der Kurfürst und König war weder ein erfolgreicher Feldherr, der zu sein er sich sehnlichst wünschte, noch ein kühl handelnder und abwägender Landesfürst. Kabinettsminister und Königsmacher Jacob Heinrich Graf von Flemming – kein überragender Militärstratege – hatte ihn vor dem Krieg gegen Schweden gewarnt. Friedrich August hatte die Bedenken seines Vertrauten nicht ernst genommen. »Ich habe Eure Difficultäten (Schwierigkeiten) wohl erwäget, allein ich hoffe doch, daß die Sache wohl gehen soll. Ihr müsst nur ein gutes Herz haben.«

Mit einem guten Herzen waren keine Kriege zu gewinnen. Es ist nicht sicher, ob der Kurfürst-König dies tatsächlich begriffen hat. Zu dilettantisch setzte er nach seiner Rückkehr nach Warschau 1709 seine Polenpolitik fort. Sie hätte ihm fast zum zweiten Mal den Verlust der Krone gekostet, die er sich nach der Niederlage der Schweden gegen Russland zurückgeholt hatte. Für das Kurfürstentum Sachsen wäre ein früheres Ende der Personalunion mit Polen besser gewesen. Auch die nächsten Jahre sollten Millionen kosten.

Königstein für Unterhändler

Aus war der Traum vom königlichen Regieren im Polenland, von königlicher Größe, von einer Erbkrone, die August II. so gern für seinen Sohn, sein Haus gehabt hätte. Verjagt hatte ihn sein Vetter Karl der XII. aus der Adelsrepublik. Friedrich August war nach Dresden zurückgekehrt und durfte unter der schwedischen Besetzung leiden. Den Frieden, den seine Unterhändler, der geheime Referendar Georg Pfingsten und Kammerpräsident von Imhoff, geschlossen hatten, wollte der Kurfürst »zerreißen«. Er hätte einen solchen nicht gemacht, »selbst wenn er im Turm gesessen hätte«. Also wird er den Frieden korrigieren, damit die Höfe nicht über ihn lachten. Liselotte von der Pfalz war wieder schnell zur Stelle. Sie schrieb: »Ich habe in meinem sinn mein leben von nichts abscheülicheres gehört, alß den Frieden, so könig Augustus gemacht. Er muß voll undt doll gewesen sein, wie er die articlen eingegangen ist, vor so ehrvergeßen hette ich ihn mein leben nicht gehalten. Ich schäme mich vor unser nation, daß ein teütscher König so unehrlich ist.«

Friedrich Augusts Zorn saß tief. Seine lieben Sachsen hatten sich nicht gegen die Schweden gestellt, hatten das Kurfürstentum nicht verteidigt. Schlimmer: Der Geheime Rat hatte seinen Befehl, das Land zu schützen, missachtet. Das war in den Augen des Kurfürsten Landesverrat. Er wird sich später daran erinnern. Also stattet er dem schwedischen König in Altranstädt, unweit von Leipzig, einen Besuch ab. Sein Versuch, die Friedensbedingungen zu mildern, misslang. Das sei Sache seiner Beauftragten, teilte Karl dem Verlierer mit.

Die Festung Königstein, Friedrichsburg.

Karl ließ Friedrich August spüren, dass er machtlos war. Er verlangte von ihm den Verzicht auf die polnische Krone und forderte ihn auf, dass er den neuen König in Polen beglückwünschte. Es war also nichts mit der heroischen Absicht, den Friedensschluss zu zerreißen. Nach außen rechtfertigte er sich, dass die »ministri ihre instruction überschritten« hatten.

Dafür mussten sie büßen. Im Mai 1707 ließ Friedrich August die beiden Unterhändler auf den Königstein bringen. Leipziger und Wittenberger Universitätsjuristen hielten die beiden für Staatsverbrecher. Dieses Urteil hatte Friedrich August gewünscht. Pfingsten erhielt die Todesstrafe. Sie wurde in Festungshaft umgewandelt. Er starb 1735 nach 28 Jahren Haft auf dem Königstein. Da war August der Starke schon zwei Jahre tot. Von Imhoff wurde mit lebenslangem Gefängnis und dem Einzug seiner Güter bestraft. Er kaufte sich für 40 000 Taler frei. Das Vorgehen gegen die beiden Unterhändler darf als Verbrechen bezeichnet werden. Den Krieg hat August der Starke vom Zaun gebrochen. Für die Besetzung Sachsens nach einer dilettantischen Kriegsführung machte er andere verantwortlich. Diese Fürstenwillkür passt so gar nicht in das strahlende Fürstenbild, in die augusteischen Hochgesänge der jüngeren Zeit.

Lebenslänglich

Dresden liebt es, das Verhältnis zwischen Friedrich August und seiner Geliebten Gräfin Cosel als Romanze zu feiern. Ihre lange Gefangenschaft auf der Burgruine Stolpen wird übersehen. Man kann beiden gelegentlich Arm in Arm auf Dresdens Plätzen begegnen oder an sächsischen Ständen auf Messen. Der galante Friedrich August, der Eroberer und Herzensbrecher, kostümiert, gepudert und aufgeputzt wie eine Puppe, die strahlende Constantia von Brockdorf, lächelnd, in maßvollen Schritten über Dresdens historisches Pflaster schreitend. Es wird Komödie gespielt, wo Trauerspiel angesagt wäre.

Kurz war ihr Glück und glanzvoll der Aufstieg zur Mätresse, lang ihr Unglück.

Am 12. Dezember 1715, auf den Tag zehn Jahre nach dem Erhalt des Eheversprechens, das sie gefordert und von August dem Starken schriftlich erhalten hatte, verließ die Cosel ihr Pillnitzer Exil, in das sie befohlen worden war. Sie floh nach Brandenburg. Vorher hatte sie 15 Kisten mit Wertsachen außer Landes bringen lassen. Ins Ausland zu gehen hatte ihr Friedrich August verboten. Der mehrmaligen Aufforderung, nach Sachsen zurückzukehren, kam sie nicht nach. »Man gibt mir weder Mitleid noch Gerechtigkeit, ich bin ganz meinen Feinden ausgesetzt«, begründete sie in einem Brief ihre Weigerung. Am Hof war man sich schnell einig: Die Cosel handele heimtückisch. Friedrich August, verärgert, erteilte seinem Gesandten am Berliner Hof den Auftrag, auf diplomatischem Wege ihre Auslieferung zu erwirken. Die Berliner Behörden befahlen ihr, die Stadt zu verlassen. Constantia reiste überstürzt ab. Ihr Leidensweg begann.

Der preußische König Friedrich Wilhelm I. zögerte, sie auszuliefern. August der Starke bot ihm Deserteure an. Das war nach dem Geschmack des Hohenzollern. Am 12. November 1716 wurde die Cosel im Tausch gegen preußische Deserteure an der sächsischen Grenze übergeben. Friedrich August wies an: »Meine Absicht ist, dass sie ehrenhaft behandelt werden soll, es wird genügen, wenn man ihr zwei Offiziere gibt, ohne andere Wachen, um sie an einen sicheren Ort zu bringen, der entweder das Schloss von Meißen sein könnte oder das von Nossen...« Und er verteidigte seine Anweisung: »Die Gräfin Cosel wird nach dem Grund ihres Arrestes fragen. Sie sagen ihr, dass sie ihn niemand anders zu verdanken habe als sich selbst, daß man sie oft genug ermahnt hat, mäßig in ihren Reden und Schriften zu sein, aber da sie weder auf diese Ermahnungen hören noch ein ordentliches Benehmen zeigen wollte, ist man wider seinen Willen gezwungen gewesen, zum äußersten Mittel zu greifen.«

49 Jahre war sie Staatsgefangene auf der Burgruine Stolpen. Mehrere Bitten, die Freiheit zu erlangen, wurden abgelehnt. Friedrich August ließ sie weder verurteilen, noch konnte er ihr tatsächlich schuldhaftes Verhalten nachweisen.

Burgruine Stolpen.

Nie wurde sie vor Gericht gestellt, nie ihr die Möglichkeit gegeben, sich zu verteidigen. Was sie erleben musste, war Fürstenwillkür hohen Maßes.

Soldaten für Vasen

In der schönen Bogengalerie des Dresdner Zwingers befinden sich einige Vasen. Es sind weißblau bemalte chinesische Deckelvasen. Sie gehören zweifellos zu den bemerkenswerten Ausstellungsstücken der Porzellansammlung. Was weniger bekannt ist, sie stehen für Soldatenschicksale. Ursprünglich befanden sich die Deckelvasen im Besitz der Hohenzollern. Der preußische König Friedrich Wilhelm I., den Kunst wenig interessierte, der Künstler und Architekten aus dem Hofdienst entließ, ging gern auf einen Menschenhandel ein. Er war bereit, die Vasen zu verkaufen. Sein lieber Nachbar August der Starke liebte Porzellan. Man wurde sich einig. Der sächsische Kurfürst befahl 600 Soldaten, in den brandenburgischen Dienst zu treten. Friedrich Wilhelm I. bezahlte dafür mit 151 Deckelvasen. Die Soldaten wurden einem Regiment Dragoner einverleibt. Daher der Begriff Dragonervasen.

Friedrich Augusts Liebe zu Porzellan, seine Sammelleidenschaft kannte kaum Grenzen. Er war der beste Kunde der von ihm gegründeten Porzellanmanufaktur in Meißen. Als er starb, schuldete er dem Unternehmen 47 926 Taler. Sie wurden nie bezahlt.

Die glücklose Caroline Neuber

Literatur und anspruchsvolles deutsches Theater hatten es in Sachsens augusteischer Zeit schwer, wenn es nicht höfisch geprägt war. Selbst im bürgerlichen Leipzig, das nicht so stark den höfischen Wünschen und Zwängen wie Dresden ausgesetzt war, gab es in der ersten Hälfte des 18. Jahrhunderts große Vorbehalte gegen bürgerliches Theater, obschon dort eine Vielzahl von Dramen zur Aufführung kam, darunter die Uraufführung von Johann Christoph Gottscheds Stück »Der sterbende Cato«. Eine Frau, die sich um das Theater verdient machte, war die Schauspielerin Caroline Neuber, genannt die Neuberin. Es war ein aufregendes und schweres Leben, das an der Friedhofsmauer in Leuben endete, damals ein Dorf bei Dresden. Ein offizielles Begräbnis verweigerte die Kirche der Schauspielerin.

Nein, das Leben der Friederike Caroline Neuber, im vogtländischen Reichenbach im März 1697 geboren, war nicht von Glück und Förderung begünstigt. Dennoch stellen ihre Bemühungen um die Erneuerung der Schauspielkunst ein Glanzlicht deutscher Theatergeschichte dar. Dass ausgerechnet eine Frau das Theater zu einer Darstellungskunst entwickeln wollte, war ein großartiger Versuch. Johann Wolfgang von Goethe wird ihr später als »Madame de Roth« in »Wilhelm Meisters Lehrjahre« ein literarisches Denkmal setzen.

Gedenkstein in Zwickau.

Das Theater in Deutschland war verkommen, die Mimen standen im zweifelhaften Ruf. Possen, Klamauk und die Figur des Hanswursts wurden geliebt. Feste Häuser für bürgerliches Theater gab es kaum. Die Neuberin wagte die Gründung eines Ensembles. Anfangs stellten sich Erfolge ein. Ihre Truppe erhielt von August dem Starken ein Privileg, also eine Genehmigung, »als königlich polnische kurfürstlich sächsische Hofkomödianten« auftreten zu dürfen. Leipzig erlaubte ihr in einer festen Spielstätte am »Grimmmaischen Tor« Theater zu spielen. Zu den drei Messen im

Jahr hielten sich Tausende an der Pleiße auf. Die Aufführungen wurden gern besucht. Gottsched, Professor an der Leipziger Universität, Schriftsteller und bald engstirniger Literaturpapst, schätzte ihre Bemühungen und förderte sie eine Zeitlang. Unter Beifall wurde in Leipzig die populäre Hanswurstpuppe verbrannt. Ins Deutsche übersetzte kritische französische Theaterstücke kamen zur Aufführung. Die Schauspieltruppe führte Lessings frühes Stück »Der junge Gelehrte« auf. Der Dichter erkannte die Begabung der Neuberin: »Denn sie ist nichts als eine Komödiantin.« Mehrere Male spielte sie auch im Dresdner Gewandhaus am Neumarkt. Aber der Hof, der italienischen Oper verpflichtet, nahm davon kaum Kenntnis. Sie wurde vergessen.

Im Februar 1733 starb August der Starke in Warschau. Das Privileg erlosch. Die monatelange Staatstrauer verbot Theateraufführungen. Die feste Leipziger Spielstätte war schon vorher aus finanziellen Gründen aufgegeben worden. Es gelang ihr im Jagdschloss Wermsdorf vor Kurfürst Friedrich August II., dem Sohn Augusts des Starken, mit mehreren Stücken aufzutreten. Ihre Hoffnungen erfüllten sich nicht. Der Opernliebhaber, befangen in höfischer Kunst und Konvention, erkannte weder ihre Begabung noch vermochte er den Stücken etwas abzugewinnen. Hilfe und Ermunterung unterblieben. Verzweifelt suchte sie Förderer, trat gar in Petersburg auf und zuletzt in Wien. Bei den Pfeffersäcken in Hamburg festen Fuß zu fassen, misslang ebenfalls. Der Senat lehnte ein Privileg ab. Intrigen und Feindschaften verbittern sie. Der Siebenjährige Krieg verschlechterte die Lebensumstände. Sie floh aus Dresden, das Friedrich der Große bombardieren ließ. Georg Möhle, ein Bauer aus Laubegast, nahm die Neuberin auf. Dort starb sie 1760, vergessen und verarmt. Auf einem Karren wurde ihr Leichnam ohne jede Anteilnahme zum Friedhof befördert.

Kollekte Salzburger Flüchtlingen entzogen

Dies ist ein Geschehen, das die protestantische sächsische Kirche nicht gern erwähnt. Und das aus gutem Grund. Im Erzbistum Salzburg wütete die Gegenreformation. Bereits 1688 waren die ersten Protestanten außer Landes getrieben worden. Ab 1731 verschärfte sich ihre Lage. Ihnen wurde befohlen, die katholische Konfession anzunehmen. Wer dem lutherischen Glauben nicht abschwor, musste den Salzburger Kirchenstaat verlassen. Erzbischof Leopold, ein wahrer Christenmensch, ging rigoros vor. Bewohner ohne Besitz hatten innerhalb von acht Tagen zu verschwinden. Eigentümern von Grundbesitz und Haus gab er ein Vierteljahr Zeit. Im April 1733 begann der große Auszug. Etwa 20 000 Protestanten gingen ins Unbekannte. Bayern, das ihnen anfangs die Grenze sperrte, gestattete schließlich ihre Einwanderung. Als weitsichtiger Menschenfreund, der er gewiss nicht war, erwies sich der preußische König Friedrich Wilhelm I. Er hatte im fernen Ostpreußen viel unbewohnten Raum, der darauf wartete, erschlossen zu werden.

Die Ansiedlung der Salzburger Flüchtlinge erwies sich für Ostpreußen – wie zuvor die der Hugenotten – als segensreich. Der katholische Hof in Dresden zeigte kein Interesse an den Vertriebenen. Aber den sächsischen Protestanten war das Schicksal ihrer Glaubensgenossen nicht gleichgültig. Eine große Spendenaktion setzte ein. 28 366 Taler erbrachten die landesweiten Kollekten. Und nun geschah Unrühmliches. Der katholische Kurfürst Friedrich August II. verwaltete das Geld. In Dresden entstand seit 1726 George Bährs Frauenkirche. Wieder einmal war das Bauen wegen fehlenden Geldes ins Stocken geraten. Offensichtlich wollte auch der katholische Kurfürst die protestantische Kirche endlich vollendet sehen, damit sie Dresden zierte. Er ordnete an, die Kollekte für die Vollendung der Kirchenkuppel zu verwenden. Weder das Konsistorium, noch der Rat der Stadt, der Bauherr der Frauenkirche, lehnten ab. Sie kassierten stillschweigend die Taler, die für die Salzburger gesammelt worden waren. Am 15. August 1733 bedankte sich der Bauherr beim Kurfürsten. Auch der Superintendent Valentin Ernst Löscher, der für den rechten Glauben stritt, schwieg, vielleicht voller Scham.

Drei Kriege um Schlesien

Sachsen und Preußen, das ist eine Geschichte voller Anmaßungen, gegenseitigen Feindseligkeiten und Kriegen. Lange Zeit ging es um den Führungsanspruch im deutschen Reich und seit der sächsischen Personalunion mit Polen um eine direkte Landverbindung von Sachsen nach Polen. Diese Auseinandersetzungen führten das Kurfürstentum Sachsen vor allem in den drei Schlesischen Kriegen in den wirtschaftlichen und finanziellen Ruin. Dies, weil das Haus Wettin unglücklich, ja falsch reagierte und unfähig war, mit den Zeitumständen und Konflikten zugunsten Sachsens fertig zu werden.

Der erste Fehler: Mit Kurfürst Friedrich August II., dem Sohn Augusts des Starken, stellten die Wettiner nach Wirren und Thronfolgekrieg in Polen zum zweiten Mal einen König in Warschau. Auch er strebte - wie sein Vater - eine direkte Landverbindung nach Polen an. Die konnte der Kurfürst nur von Habsburg oder von Preußen im Tausch für ein angemessenes sächsisches Territorium erhalten. Dazu war er bereit. Sachsens Unterhändler hofften, dass ihnen Habsburg mit einem Korridor durch Schlesien entgegen kommen würde. Sie wurden enttäuscht. Daraufhin wechselte Sachsen, das traditionell Habsburg anhing, die Front und schloss sich Preußen an.

Nach dem Tode Friedrich Wilhelms I. wehte in Berlin ein rauer Wind. Kaum dass Friedrich II. die Thronfolge angetreten hatte, überfiel er das zu Habsburg gehörende Schlesien. Sachsen kämpfte an der Seite Preußens. Es tat sich - wie berichtet wird – bei der Erstürmung Prags im November 1741 hervor. Preußen setzte sich in den Besitz des Herzogtums Schlesien. Dresdens Waffengang wurde nicht belohnt. Friedrich II., der ganz anderes mit Sachsen vorhatte, lehnte auch eine Landverbindung ab. Der Zorn im Dresdner Schloss war groß. Aber Zorn ist in der Politik ein schlechter Ratgeber. Es wäre besser gewesen, kühlen Kopf zu bewahren. Eben dieser kühle Kopf fehlte. Sachsen kündigte den Preußen seine Gefolgschaft. Es schloss sich wieder Österreich an. Eine verhängnisvolle Entscheidung.

Der zweite Fehler: Habsburg war nicht bereit, den Verlust Schlesiens hinzunehmen. Der zweite Schlesische Krieg brach aus. Wieder wurde gekämpft, wieder kämpfte Sachsen, diesmal an der Seite Habsburgs gegen Preußen. Hatte es im ersten Schlesischen Krieg zu den Siegern gehört, so musste es im zweiten Waffengang bittere Niederlagen hinnehmen. Preußische Truppen marschierten in Sachsen ein. Rutowski, der sächsische Militärführer, Sohn Augusts des Starken, war als Soldat nur mäßig begabt, wenn überhaupt. Er erlitt in der Schlacht bei Kesselsdorf vor den Toren der Residenz eine vernichtende Niederlage. Der Kurstaat kapitulierte. Dresdens Stadtkommandant General Bose musste die Festungstore der Residenz öffnen. Friedrich II., der Sieger, ging in der Stadt des »dicken Vetters« – gemeint ist Friedrich August II. – spazieren. Der Kurfürst und sein Minister Heinrich von Brühl waren vorher nach Prag geflohen. Die Sieger ließen es sich in Dresden gut gehen. Ihnen stand täglich pro Mann ein Pfund Fleisch, zwei Pfund Brot und zwei Berliner Quartbiere zu (etwa ein Liter Bier). Sachsen zahlte, zahlte. Friedrich II. kassierte eine Million Taler Kriegsentschädigung. Welch ein hoher Preis. Habsburgs Rückeroberung im zweiten Schlesischen Krieg war gescheitert. Preußen behielt das Herzogtum Schlesien. Es wird es nicht mehr aus den Händen geben.

Der dritte Fehler: Statt eine Aussöhnung mit Preußen anzustreben, wurde nach der Niederlage in Dresden kräftig gegen Preußen gearbeitet, wurden Allianzen gegen den Nachbarn geschmiedet, die alle nichts einbrachten. Die Tatsache, dass Preußen Dresden politisch und militärisch überlegen war, wollten Heinrich Graf von Brühl, der Premierminister, und Friedrich August II. ganz offensichtlich nicht akzeptieren.

Gedenkstein in Kesselsdorf bei Dresden.

Schließlich wurde es Friedrich II. zu viel. Ohne Kriegserklärung fiel er im August 1756 mit 60 000 Mann in Sachsen ein. Als der preußische Gesandte Friedrich August II. über den Kriegsbeginn in Kenntnis setzte, befanden sich Friedrichs Truppen bereits im Land. Der Kurfürst stimmte nachträglich schriftlich ihrem Durchmarsch zu. Nein, ein Held war der Wettiner tatsächlich nicht. Er verließ Dresden in Richtung Pirna. Die sächsische Armee hielt sich in der Nähe des Königsteins auf. Friedrichs Ziel war Böhmen. Dort wollte er Maria Theresia, die Kaiserin, schlagen. Der Siebenjährige Krieg hatte begonnen. Sachsens Minister, aufgescheucht wie ein Hühnerhaufen, waren sich einig: Jeder Widerstand sei zwecklos. Der Kurfürst Friedrich August II. ließ seine Soldaten und lieben Landeskinder im Stich. Er floh mit Brühl auf den Königstein. Als ihm Polen Gastrecht anbot, war das dem preußischen König recht. Er gestattete dem Kurfürsten, den Prinzen, ja einem ganzen Hoftross, nach Warschau zu reisen. Friedrich Augusts Gemahlin, die Kaisertochter Maria Josepha, die in Dresden geblieben war, hatte ihm bereits genug Schererein bereitet. Jetzt war er den Kurfürsten los.

Von Warschau aus sahen Kurfürst Friedrich August II. und Brühl zu, wie Preußen Sachsen ausplünderte. Erst nach dem Frieden von Hubertusburg 1763 kehrten Friedrich August und Brühl ins Kurfürstentum zurück. Sie fanden ein ruiniertes und gequältes Land vor. Sachsen stand vor dem Staatsbankrott, war nicht mehr kreditfähig. Das war das Ergebnis einer ganz und gar verfehlten Politik des zweiten sächsischen Königs in Polen. Ein Berg von Schulden war in den nächsten Jahrzehnten abzutragen, wenn Sachsen wieder handlungsfähig werden sollte. Hof und Regierung hatten sich als unfähig erwiesen, das Land zu behüten und seine Bedeutung zu erhöhen.

Die Regierungszeit der beiden Kurfürsten Friedrich Augusts I. und seines Sohnes Friedrich Augusts II. feiern Landeshistoriker, Kultur- und Kunstwissenschaftler als glanzvolles augusteisches Zeitalter. Sicher mit Recht, was die Bau- und partielle Kunstentwicklung betrifft. Aber auch sie bleibt weitgehend auf Dresden beschränkt, von einigen barocken Adelsbauten auf dem Lande abgesehen. Allzu gern wird übergangen, dass der Kurfürst das Land verantwortungslos im Stich gelassen hat und am Ende der drei Kriege eine Katastrophe stand. Das Ergebnis der Schlesischen Kriege: Sachsen wurde 1763 »in die außenpolitische Bedeutungslosigkeit entlassen« (Groß, Geschichte Sachsens, S. 156). Sehr oft heften royalistisch gesonnene Landeshistoriker dieses Versagen dem Premierminister Graf Brühl an. Neuerdings deutet sich eine differenziertere Sicht an, vor allem außerhalb Sachsens.

In Die Herrscher Sachsens, 2004, heißt es bei Thomas Nicklas, S. 198: »Diese auf Improvisation und Ignoranz beruhende Politik hatte gewiss den Grafen Brühl zum Urheber, die eigentliche Verantwortung lag aber doch beim Kurfürst-König.«

Friedrich August II. und Brühl starben kurz nach ihrer Rückkehr aus Polen. Dem Nachfolger Kurfürst Friedrich Christian blieben nur zwei Monate und zwei Wochen zum Regieren. Dann rafften ihn die Pocken weg. Ihm folgte sein Sohn Friedrich August III./ I., der noch nicht volljährig war. Er wird Sachsen in eine noch größere Katstrophe stürzen.

Kabale und Liebe in Sachsen

Am 13. April 1784 wurde Schillers »Kabale und Liebe« in Frankfurt am Main uraufgeführt, zwei Tage später in Mannheim. In diesem bürgerlichen Trauerstück prangert der junge Dichter, der vor der Willkür des württembergischen Herzogs Karl Eugen geflohen war, den Verkauf von Soldaten nach Amerika an. »Juche nach Amerika.« Was Schiller anklagte, war in den deutschen Kleinstaaten der absolutistischen Zeit gang und gäbe, auch im Kurstaat Sachsen. Wer genug Geld besaß, der kaufte Soldaten, wem es fehlte, der verkaufte seine Landeskinder.

Auch Friedrich August I. kannte keine Skrupel. Jede Gelegenheit war ihm recht, um zu Geld zu kommen. Bereits den Einsatz sächsischer Truppen gegen die Türken hatte er sich vom Kaiser in Wien bezahlen lassen. Man nannte das damals Subsidien erhalten. 1707 verpflichtete sich Friedrich August, an Holland und England Soldaten zu liefern. Sie mussten in den Krieg gegen Frankreich ziehen. Juche nach Frankreich! Für das sächsische Hilfskorps erhielt er 900 000 holländische Gulden (um 1709 ein holländischer Gulden etwa zwei Reichsgulden). Ob von den verkauften Soldaten einige zurückgekehrt sind, ist nicht bekannt.

Flegel-Krieg

Manches in Sachsens Obrigkeitsdenken mutet grotesk an. Ausgerechnet die Dresdner Schneider, die für ihre Gutmütigkeit bekannt waren, zeigten sich unerwartet störrisch. Glaubt man Gustav Nieritz (1795-1876), dem Jugend- und Volksschriftsteller, dann ereignete sich folgendes: Der Bürgermeister der Residenz, ein gewisser Clausnitzer, hatte einen Schneider einen Flegel genannt. Der Flegel ärgerte den Beschimpften. Er suchte Trost und Zuspruch bei seinen Gefährten. Die Männer - voller Berufsstolz - sahen ihre ganze Gilde beleidigt. Das war unerhört. Ihre Brust schwoll. Sie tranken sich allmählich Mut an. Einen der ihren zu beschimpfen hatte der Bürgermeister kein Recht. Nein, das wollten sie nicht unwidersprochen hinnehmen. Sie forderten eine Entschuldigung. Die wurde ihnen verwehrt.

Das versetzte die wackeren Schneider in Zorn. Schnell machte das Geschehen die Runde. Alle Schneider der Stadt eilten herbei, auch andere Gesellen. Im Chor machten sie sich stark, lärmten in den Kneipen, hoben ihre blassen Fäuste. Die Obrigkeit war überrascht. Sie vermutete sofort Umsturz und Revolution, wie in Frankreich. Wehret den Anfängen. Das Schloss gab Befehl. Das Militär schritt kräftig zur Tat. Scharf geladene Kanonen wurden an Straßenecken und vor den Kneipen aufgestellt. Kanoniere legten Lunte an, bewachten die Schießgeräte. Ob der Kurfürst Friedrich August III., der im Begriff war, aus der Sommerresidenz Pillnitz nach Dresden zurückzukehren, erzitterte, ist nicht bekannt. Aber anzunehmen. Er war ein ängstlicher Mensch. Eine schwere Reiterei ritt seinem verschlossenen Wagen voraus und hinterher und an der Seite des Wagens. Der Kurfürst gelangte glücklich in seine Residenz, ohne den geringsten Schaden zu nehmen.

Das Militär indessen stürmte mutig die Kneipen, ohne eine Kanone zu zünden. Die Gesellen wurden im Altstädter Gewandhaus eingesperrt. Dieses energische Vorgehen verfehlte trotzdem die erwünschte Wirkung. Die Gesellen, vom Branntwein gestärkt, blieben dabei. Sie forderten kategorisch, dass sich der Bürgermeister bei ihrem Kollegen entschuldigte. Der erste Mann des Stadtrates – gewiss unter Druck gesetzt – sah sich zum Nachgeben genötigt. Aber nicht er, nein, er würde nicht erscheinen. Sich persönlich vor Schneidern zu entschuldigen, das kam nicht in Frage. Er schickte einen Vertreter zu den Gewandschneidern. Der erklärte wortreich, der Bürgermeister könne sich nicht erinnern, dass er das Wort Flegel in den Mund genommen habe. Sofort erntete er Pfiffe und sah sich drohenden Schneidern ausgesetzt. Schnell beeilte er sich fortzufahren. Sollte der Bürgermeister es aber doch getan haben, dann leiste er hiermit Abbitte. Die Gesellen berauscht, schrien: »Das hat er gesagt, das hat er gesagt.« Schließlich gaben sie sich mit der Erklärung zufrieden.

Die Kanonen wurden entfernt. Wer von den Gesellen die Arbeit weiter verweigerte, wurde der Residenz verwiesen. Die Revolution der Schneider war beendet. Das Militär hatte einen prächtigen Sieg errungen. Frieden kehrte in die brave Stadt ein.

In einer Wüste der Geister

Am 11. September 1785 traf der Schwabe Friedrich Schiller in Dresden ein. Er war Christian Gottfried Körner, Oberkonsistorialrat und Schriftsteller, von Leipzig nach Dresden gefolgt. Als der Dichter der »Räuber« in der Residenz Zuflucht suchte, hatte er bereits Bitteres hinter sich (»die schwankende Lage meines Schicksals«): die Flucht aus Württemberg, die Verweigerung der Rückkehr, die sein Landesherr Carl Eugen gefordert hatte, den misslungenen Versuch, in Mannheim als Theaterdichter leben zu können. Berühmt hatten ihn die »Räuber« gemacht, zugejubelt hatte man dem Dichter des Sturm und Drang, mit Zustimmung aufgenommen

Schillerdenkmal in der Dresdner Neustadt.

»Kabale und Liebe«, in Frankfurt uraufgeführt, aber er war bettelarm, verschuldet, als ihn die Körners aufnahmen.

Die Zeilen, die er bei seiner Ankunft in einem Brief an seinen Freund Ferdinand Huber schrieb, sind bekannt: »Als auf einmal, und mir zum ersten Mal, die Elbe zwischen 2 Bergen heraustrat, schrie ich laut auf. O mein liebster Freund, wie interessant war mir alles. Die Elbe bildet eine romantische Natur um sich her, und eine schwesterliche Ähnlichkeit dieser Gegend mit dem Tummelplatz meiner frühen dichterischen Kindheit machte sie mir dreifach teuer, Meißen, Dresden und seine Gegenden gleichen ganz in der Familie meiner vaterländischen Fluren.« Diese Sätze sind fast das Einzige, was er über Land und Stadt festhielt. Er rühmte weder Dresden noch seine Schönheiten, nicht den Zwinger (damals verfallen), noch die Frauenkirche. Ja, selbst die bewunderten Kunstsammlungen sind ihm kaum ein paar Sätze wert. Wie anders der junge Goethe in »Dichtung und Wahrheit«: »Die wenigen Tage meines Aufenthalts in Dresden waren allein der Gemäldegalerie gewidmet.« Dresden blieb wohl für Schiller ein Ort nirgendwo.

Schiller war 25 Jahre alt, als er die Residenz betrat, gewiss mit großen Hoffnungen. Körner und seine Frau Minna nahmen ihn herzlich auf. Er beglich einige Schulden des Dichters, stellte Kontakte zu Verlegern her. Endlich konnte Schiller fast ohne Sorgen arbeiten. Aber Fuß fasst er auch in der Residenz nicht. Ein Empfang bei Hofe fand nicht statt. Seine »Räuber« kamen nicht auf die Theaterbühne. Auch an Schiller bewies sich, dass der Dresdner Hof nichts, aber auch gar nichts mit hellen Geistern anzufangen wusste. Sie waren im Bücken zu ungeübt. Wohl nicht zufällig hielt Schiller im »Don Garlos«, an dem er in Dresden arbeitete, fest: »Geben Sie Gedankenfreiheit, Sir.«

22 Monate blieb Schiller in Dresden. Was er empfunden hatte, hielt er in einem Brief an seinen Freund Körner anderthalb Jahre später in Weimar fest: »Er (Körner) ist dort in einer Wüste der Geister. Die Kursachsen sind nicht die liebenswürdigsten von unsern Landsleuten, aber die Dresdner sind vollends ein seichtes zusammengeschrumpftes, unleidliches Volk, bei dem es einem nie wohl wird. Sie schleppen sich in eigennützigen Verhältnissen herum, und der freie, edle Mensch geht unter dem hungrigen Staatsbürger ganz verloren, wenn er anders je dagewesen ist.« Was ist ihm passiert, dass er so bitter urteilt? Welche Zurückweisungen hatte er auch in Dresden erfahren? Wir wissen es nicht. Die

leichte Verstimmung in den Körnerfamilien kurz vor Schillers Abreise kann nicht der Grund für sein hartes Urteil über Dresden sein. Die Freundschaft zu Körner wird bis zu Schillers Tod halten.

Sein negatives Urteil über die Dresdner ist nicht das einzige. Der Schriftsteller und Dichter Jean Paul riet vor der Torwache »als Fremder in politischen Angelegenheit lieber das Maul zu halten« (Menzhausen, Kulturlandschaft Sachsen, S. 199). Der Dichter beobachtete einen Gottesdienst zu Pfingsten in der katholischen Hofkirche. Das Kind einer Prinzessin wurde in den Gottesraum getragen, »das die Trompeten taub bliesen gegen künftige Bitten.« Sein Kommentar: »Ich habe dabei meine demokratischen Zähne geknirscht, am meisten über das gekrümmte Schranzenvolk von Dresden, die nicht schön, nicht edel, nicht kunstbegierig sind, sondern nur höflich.«

Johann Gottfried Seume, dieser großartige Spaziergänger nach Syrakus, schilderte: »Es weht mich oft eine kalte, dicke, sehr unfreundliche Luft an, wenn ich einer Residenz nahe kam, und ich kann nicht sagen, dass Dresden diesmal eine Ausnahme gemacht hätte, so trübselige, unglückliche entmenschlichte Gesichter, daß man alle fünf Minuten auf einen stößt, das öffentliche Züchtung verdient zu haben oder sie zu geben bereit scheint. ...Viele scheinen auf irgendeine Weise zum Hof zu gehören...« Und der Wiener Dichter Franz Grillparzer, der Ludwig Tieck im August 1826 in Dresden besuchte, stellte gallig fest: »Nichts kann (mit) dem unangenehmen Gefühl verglichen werden, mit dem ich mich hier empfinde. Diese quäkenden Frösche mit ihrer äußeren Höflichkeit und inneren Grobheit, mit ihrer Bereitwilligkeit und Tatlosigkeit, ihrer schwächlichen Großtuerei, all das ekelt mich an. ...Die Sprache dieser Leute beleidigt mein Ohr. Ein Österreicher kann mit seinem Jargon einem Fremden bäurisch vorkommen, die Sprache dieser Leute aber ist unleidlich. Sie ist unmännlich, geckenhaft, wie von und für Kopflose. ...Sie ziehen zusammen, verschlucken einen Teil der

Buchstaben, ...aber die Leute hier dehnen jede Silbe, verlängern jedes Wort, hängen überall ein Lieblings-*E*, so dass ihre Sprache endlich ein förmliches Mäh, Mäh von Schafen wird« (Grillparzer, Werke, 16, Bd. S. 179 f). Es ist schon merkwürdig, dass das Sächsische immer wieder Ohren missfiel. Die Kritik am Sächsischen hält Jahrhunderte an. Heinrich Böll zum Beispiel, der sich 1944 in einem Dresdner Lazarett befand, schrieb an seine Frau Annemarie, dass er den »sächsischen Dialekt bis zum Überdruss genossen« habe.

Zornige Bauern

Im Mai 1790 wollten die Bauern in der Sächsischen Schweiz die zunehmende kurfürstliche Wildhege nicht mehr hinnehmen. Das Wild – sehr zahlreich geworden – fraß ihre Felder kahl. Wehlener Bauern begannen, es abzuschießen und von ihren Feldern zu verjagen. Das war strengstens verboten. Ihrem Beispiel folgten bald die Bauern aus Stolpen, Dippoldiswalde, Radeberg, Torgau, Elsterwerda. Die Regierung lenkte ein, erteilte den Förstern den Befehl, Wild abzuschießen, um den Bestand zu verringern. Die Unzufriedenheit der Bauern nahm trotzdem zu.

Bald fand sich ein Kopf, der ihren Forderungen Gewicht und Stimme gab: Christian Benjamin Geißler, Seilermeister aus Liebstadt, Sohn eines Lehrers. Er verlangte die Abschaffung der Adelsprivilegien, die Senkung der Akzisebelastungen (Verbrauchssteuer), Erleichterungen im Steuerwesen, Reduzierung des Wildbestandes. Seine naive Forderung: »Alle Personen, die Sachsen unglücklich gemacht haben, sollen ihren Ämtern enthoben werden, und wenn es große Betrügereien waren, sollen ihre Güter eingezogen werden und dem allgemeinen Wohle dienen.« Geißlers Schriften ermutigten. Er forderte sogar die Enteignung des Adels und die Schaffung einer Nationalgarde. Er scharte ein paar Leute um sich und marschierte nach Pillnitz, in die Sommerresidenz des Kurfürsten Friedrich August III., und nach Dresden. Das war der sächsischen Obrigkeit und dem Königshaus zu viel. Geissler wurde am 10. Juli 1790 verhaftet und drei Tage später zu 15 Jahren Haft verurteilt. In Dresden stellte ein Gerichtsarzt fest, dass er von »fixen Idee« behaftet sei und nicht ganz richtig im Kopf. Der Arzt empfahl das Zucht- und Irrenhaus Torgau. Dort musste Geißler büßen. Aber seine Schriften hatten einen gewissen Grund gelegt. Am 22. Juli brach in Waldheim und Wechselburg der sächsische Bauernaufstand aus. Er erfasste schnell größere Gebiete. In der Lommatzscher Pflege, einem überaus fruchtbaren Landstrich, griffen die Bauern zu Sense und Dreschflegel. In etwa 50 Dörfern verweigerten sie Frondienste. Kleine Militäreinheiten wurden im Meißner Raum entwaffnet. Die Grundherren wurden gezwungen, schriftlich auf Frondienste zu verzichten. Die Ereignisse eskalierten. In Meißen waren Verhandlungsführer verhaftet worden. Das erregte den Zorn der Bauern. Etwa 8 000 Unzufriedene versammelten sich zwischen Nossen und Meißen. Sie bewaffneten sich mit Hacken, Sensen, Beilen und Mistgabeln und machten sich auf den Weg nach Meißen. Allein ihr Erscheinen reichte, um die Verhafteten freizulassen. Der Aufstand erfasste das Chemnitzer Land, das Vogtland, den Leipziger Kreis, den Kurkreis südlich von Wittenberg. So eine Erhebung hatte Sachsen noch nicht erlebt.

Kurfürst Friedrich August III. befahl, den Bauernaufstand niederzuschlagen. General Heinrich Adolph von Boblick stellte ein 5 600 Mann starkes Armeekorps zusammen und rüstete es mit Artillerie aus. Es war den Soldaten ein Leichtes, den Aufstand niederzuwerfen. Schon nach einer Woche war das Militär im Meißner Land Herr der Lage. Regierung und Adel schlugen zu. Die Akten belegen: 158 Bauern, auch einige Bürger, wurden zu mehrjährigen Zuchthausstrafen verurteilt, Rädelsführer in Ketten gelegt und auf dem Königstein festgesetzt. Keine der Forderungen der Bauern wurde erfüllt. Sämtliche Vorrechte des Adels blieben unangetastet,

Schloss Schleinitz in der Lommatzscher Pflege.

auch ihre Steuerfreiheit. Und im Staat selbst blieb alles beim Alten. Damit es künftig ein für alle mal klar war. Die Regierung erließ ein »Mandat wider Tumult und Aufruhr«. Darin drohte sie Repressalien aller Art an, sogar die Todesstrafe, sollte es zu neuen Unruhen und Aufständen kommen.

Die schnelle Niederlage der Bauern war voraus zu sehen gewesen. Mit Hacken und Mistgabeln kann man gegen Artillerie und Gewehre nicht erfolgreich kämpfen. Was der Bauernaufstand aber schlagartig offenbarte: Sachsens Bürgertum verharrte in Untätigkeit, kein Versuch, sich mit den Bauern solidarisch zu erklären, kein Wille zu Veränderungen wurde laut. Die ältere sächsische Geschichtsschreibung nahm den Bauernaufstand nicht gern in ihre Darstellungen auf und wenn, dann wurde falsch bewertet. Selbst der verdienstvolle Landeshistoriker Hellmut Kretzschmar scheint dieser Vorfall peinlich zu sein. Die Bauernunruhen, meint er,

»richteten sich nicht gegen die soziale oder wirtschaftliche Politik der Regierung, sondern gegen einzelne ländliche Gutsherren«. Er behauptet, dass die Regierung »in allgemein milder Form« vorgegangen sei und die »örtlichen Mängel« abgestellt habe (Sächsische Geschichte, Seite 293). Geißler bezeichnete er als »Wirrkopf«. Seine Schriften brachten dem Seilermeister »milde« 15 Jahre Zuchthaus in Torgau ein. 1805 gelang ihm die Flucht. Der Sächsische Landtag, der 1793 zusammentrat, stellte zum Bauernaufstand völlig verständnislos fest: Er sei von Personen angezettelt worden, »die entweder durch Boßheit angereizt oder durch Unbesonnenheit, Schwachsinn, und schwärmerische Grundsätze, irre geleitet« waren (Josef Mazerath, Aspekte sächsischer Landesgeschichte 1763-1831, S. 39). Es sollten noch gut 40 Jahre vergehen, ehe in Sachsen der Druck auf Hof und Regierung so stark wurde, dass endlich eine Verfassung ausgearbeitet wurde.

Der Fall Rebmann

Liberale Geister, gar Kritiker der sächsischen Zustände und Verhältnisse, hatten es in Sachsen schwer. Wer sieht sich schon gern bestätigt, dass er »von dem ewigen Bücken des Schmiegens so gewöhnt worden, dass (er) sanftmütig und von Herzen demütig« aussieht. Solchen Spott gab der Publizist und Journalist Georg Friedrich Rebmann zum Besten, ein heller, streitbarer Kopf. Und bissiger: »Wann wird man sich doch endlich einmal überzeugen, daß Wahrheit und freie Meinung nicht eingesperrt und ausgeteilt werden können, je nachdem ein politischer Inquisitor will oder nicht!«

Im November 1792 war Rebmann nach Dresden gekommen, 23 Jahre alt. Bald wurde er Redakteuer der Neuen Dresdnischen Merkwürdigkeiten gemeinnützigen Inhalts und des Allgemeinen Sächsischen Annalist – ein Blatt für den Bürger und Landmann. Der Buchhändler Dr. Carl Christian Richter, der 1803 im Leipziger Schuldgefängnis starb, gab die beiden Journale heraus. Darin informierte Rebmann vorsichtig über die Ereignisse der Französischen Revolution und ihren Fortgang. Sofort erfuhr er Ablehnung. Zunehmend ging Rebmann mit der sächsischen Obrigkeit ins Gericht. Zwar behauptet er, dass der Kurfürst »ein guter und wirklich das Glück seines Volkes eifrig wünschender Fürst« sei. Aber »er kennt kaum die Straßen seiner Residenz«. Weiter: »Noch unbekannter ist ihm das Land und die Lage seiner Untertanen. Er glaubt gutmütig, dass sie alle glücklich sind, weil er überzeugt ist, daß er es wohl meint, aber er irrt sich.« Diese Töne wollte man nicht dulden. Am Adel ließ Rebmann keinen guten Faden. »Der sächsische Adel (Ausnahmen verstehen sich von selbst), größtenteils bettelarm und bettelstolz, zum Teil vollgesaugt vom Schweiße der Einwohner, erlaubt sich die himmelschreiendsten Bedrückungen.« Auch die Sprache der Dresdner verspottet er. »Man wird angegafft, wenn man statt ne nein sagt. Es ist eigentlich eine jämmerliche Sprache, welche die Dresdner im gemeinen Leben führen, und man verwechselt hier das Reine mit der schlechteren Mundart, selbst in den angesehensten Familien und Geschlechtern.«

Rebmann erregte das Misstrauen des »Geheimen Consiliums«, das über Recht und Ordnung wachte. Dort war man sich schnell einig. Ein Jakobiner bedrohte die Stadt; er trug ihre rote Mütze. Als Rebmann gar eine Rede des französischen Revolutionärs und Jakobiners Robespierre, den die Guillotine im Juli 1794 ins Jenseits befördern sollte, übersetzte und erscheinen ließ, musste er aus Dresden fliehen. Zu offen hatte er sich zu den Ideen der Französischen Revolution bekannt, die den feudalen Zuständen ein Ende bereitet hatten. Dies durfte nicht hingenommen werden. Die Hinrichtung des französischen Königs mahnte sehr, wachsam zu sein. Rebmann floh über Dessau und Erfurt nach Altona, das unter dänischer Verwaltung stand. Hier wehte ein freierer Geist.

Die Zeiten waren unruhig geworden. In England trieben Dampfkessel Maschinen an. Auf dem fernen Kontinent Amerika hatte man sich vom Mutterland England befreit. Härte und Entschiedenheit galt es, den Wirren der Zeit entgegenzusetzen, vor allem den bösen Gelüsten des französischen Plebs, der den Monarchen Europas weder Respekt noch Anerkennung zollte. Die Revolution von 1789 hatte die Privilegien des Adels abgeschafft und den Besitz der Kirchen enteignet. So weit sollte es im »gemütlichen« Sachsen nicht kommen. Regierung und Hof unterdrückten auch im letzten Viertel des 18. Jahrhunderts alle Reformbestrebungen im Lande. Die Vorrechte des Adels - vor allem seine Steuerfreiheit - blieben unangetastet, die Zensur agierte nach Belieben. Schriften, die über die Französische Revolution berichteten, wurden konfisziert und verboten. Ja, Sachsen ging sogar soweit, sich in benachbarte Länder einzumischen. Johann Gottlieb Fichtes Rausschmiss von der Jenaer Universität in Thüringen steht dafür. Er hatte die Französische Revolution verteidigt. Im von Franzosen besetzten Berlin wird der Philosoph seine berühmten »Reden an die deutsche Nation« halten. Rebmanns Urteil über Sachsen fällt scharf aus. »Freimütigkeit ist hier nichts weniger als zu Hause, und in Rücksicht der politischen und religiösen Denkungsart steht der Sachse hinter seinen Nachbarn wenigstens um ein halbes Jahrhundert zurück. Man begreift in Dresden noch gar nicht, wie man über Mängel und Gebrechen des Staats, der Regierungsform, über Bedrückung der Unterbeamten u. dgl. den Mund öffnen kann« (Rebmann, Erster Bd. S. 507).

Spitzel in Aktion

Gefunden: etwas Altes, das in der deutschen Neuzeit als spezifisches Merkmal der DDR entdeckt wurde. Am 26. Januar 1793 schrieb ein Spitzel: »Hochwohlgeborener Herr, Gnädiger und Hochgebietender Herr Kanzler, Ew. Exzellenz mir unterm 18ten dieses Monats erteilte gnädige Befehle werde ich mit der strengsten Verschwiegenheit und aller nur möglichen Vorsicht zu befolgen suchen. Schon von der Zeit an, da ein übel verstandener Freiheitssinn auch in Sachsen aufzukeimen begann, habe ich es mir zur größten Pflicht gemacht. Dem weiteren Einreißen gefährlicher Grundsätze, so viel solches mein geringer Wirkungskreis zuließ, entgegenzuarbeiten« (aus G. Jäckel, Dresden Zur Goethezeit/Die Elbestadt von 1760 bis 1815, S. 167). Der Mann, ein gewisser Christian Friedrich Göschel, weiß mit einer Information aufzuwarten. Die verbotenen Schriften kämen meistens von Gotha, von der Ettingerischen Buchhandlung.

Das Spitzelwesen nahm in Sachsen überhand. Das royalistische Europa zitterte. Nach der erfolgreichen Schlacht bei Valmy, einem französischen Dorf (20.9.1792), ging das revolutionäre Frankreich zur Offensive über. Preußen zog sich, ohne danach einen Schuss abzugeben, zurück. Goethe begleitete seinen Freund Carl August, Herzog von Sachsen-Weimar-Eisenach, der am Koalitionskrieg gegen Frankreich teilnahm. Abends soll der Dichter im Kreis von Offizieren gesagt haben: »Von hier und heute geht eine neue Epoche der Weltgeschichte aus, und ihr könnt sagen, ihr seid dabei gewesen.« In Frankreich wurde die Republik ausgerufen, der französische König Ludwig XVI. am 21. Januar 1793 hingerichtet. Angst erfasste Könige, Fürsten und Adlige, auch in Sachsen. Das Haus Wettin verstärkte die Spitzeltätigkeit.

Adel und Städte streiten um Bier

1793 trat in Dresden der Landtag zusammen. Er beriet über den Zustand des Landes, über Verwaltung und Recht, über Beschwerden. Dafür nahmen sich die Herren viel Zeit. Sie genossen das Leben in der Residenz, suchten »Frauenhäuser« auf und ergötzten sich an den Weibern. Der Staat kam dafür auf. Wer von den Unzufriedenen erwartet hatte, dass es endlich im Lande zu längst überfälligen Reformen kommen würde, der wurde erneut enttäuscht. Die Stände, also die Vertreter des Adels, der Ritterschaft, der Städte und des Klerus, strebten auch ausgangs des 18. Jahrhunderts keine grundlegenden Veränderungen im Kurfürstentum Sachsen an. König und Regierung konnten ruhig schlafen.

Eines aber sorgt doch für Streit. Die Vertreter der Städte und des Adels gerieten aneinander. Die Städte klagten über ihre schlechte wirtschaftliche Lage. Der Wert ihrer Häuser sei geschrumpft, viele zögen es vor, aufs Land zu ziehen. Und sie machten den Landadel und die Bauern dafür verantwortlich. Erbost führten sie an, dass das Brauen von Bier in den Dörfern überhand genommen habe. Sie beriefen sich auf uralte Rechte. Seit 1550 sei in Kursachsen das Brauen von Bier in den Dörfern und auf den Rittergütern verboten, klärten sie auf. Dagegen würde permanent verstoßen. Zwischen 1781 und 1791 »seien jährlich auf dem Lande 10 000 Fass Bier mehr gebraut worden als in den Städten.« Und sie forderten, das Brauen von Bier – von einigen Ausnahmen abgesehen – in den Dörfern zu verbieten.

Gebraut wurde Bier meist auf den Rittergütern. Es war eine gute, zusätzliche Erwerbsquelle. Kein Bier zu Ostern und Pfingsten, zur Kirmes, die Gutsherren dachten nicht daran, darauf zu verzichten. Die Stadt Meißen wehrte sich am entschiedensten. Sie führte einen Prozess gegen mehrere Personen aus der Lommatzscher Pflege, darunter auch den Geheimen Kriegsrat Wilhelm Dietrich von Schleinitz auf Schloss Schieritz. 1793 ging der Prozess ins fünfte Jahr. Gestritten wurde auch um den Landhandel und das Landhandwerk. Die Städte beriefen sich auf uralte verbriefte Zugeständnisse und Zunftgesetze. Ein Erlass aus dem Jahre 1767 bestimmte, dass jedes Dorf nur einen Krämer sowie je einen Zimmermann, Maurer, Schneider, Grob- oder Hofschmied haben durfte. Die Ritterschaft hielt dagegen. Die Forderungen der Städte betrachteten sie als Angriff auf ihre Befugnisse, Freiheiten, Immunitäten. Den Streithälsen wurden Prüfung und

Änderung zugesagt. Als der Landtag vom Kurfürsten »gnädig« verabschiedet wurde, war nichts geschehen, was zu wirklichen Änderungen im Kurstaat führen sollte. Geduld war weiter angesagt. Eine Antwort auf die zahlreichen Beschwerden und Anschuldigungen gab es erst sechs Jahre später auf dem Landtag 1799. Der Landtag bestätigte den Städten ihre Rechte und verwies die Einzelfälle an die Gerichte. Die allgemeine Stimmung der Landbewohner wurde in einer anonymen Schrift am besten deutlich. Darin heißt es u.a.: »Mögen sie, die Städter, doch in ihren Ringmauern Innungen machen, und alle Einwohner... darunter zwingen, aber außer ihrer Gerichtsbarkeit sollten sie nicht zwingen dürfen, das ist erschlichener Misbrauch.« Mit dem Festhalten an alten Privilegien und Zunftgesetzen befanden sich die Städte keinesfalls auf der Höhe der Zeit, die eindeutig auf einen Zuwachs neuer Produktionsweisen und freier Produktion gerichtet war.

Böse Lust

1799 erschien in Sachsen der Briefroman »Leipzig im Taumel. Nach Originalbriefen eines reisenden Edelmannes«. Darin beschrieb der Autor das Leben in Leipzig, dessen Messen eine besondere Anziehungskraft besaßen. Der Autor bestätigt den Damen der Stadt, dass sie besondere Vergnügen anbieten. Sie seien sehr großartig. »O lieber Baron, was habe ich hier schon für göttliche Weiber erkannt; Himmel! Meine Sinne schwinden, wenn ich nur den entferntesten Gedanken wage, einst in einer seligen Stunde mit meiner ganzen Mannkraft nur einer von ihnen es zu gestehen, dass ich nie in einem vollem Meere höherer Seligkeit schwamm, als in dem Augenblicke, da unser Wollustverzucken zu einem seligen Ermatten dahinschmolz.« Weiter heißt es: »O, Baron, du sinkst zu den Füßen dieser Göttinnen, wenn nur blos ihr Blick dir sagt, daß deine stürmende Mannkraft ihnen gefällt, daß sie höhere Kräfte in dir ahnen, daß dein Auge von Wollustfeuer glühend, sie durchbohre, daß sie dem Drange nach deinem Besitz nicht länger zu widerstehen vermögen; Baron! Würdest du diese Weiber verschmachten lassen im Durste nach glühender Lust, im Verlangen nach seligem Vollgenuß tieflohender Liebe?«

Altes Rathaus in Leipzig.

August Salomon Maurer, der Autor des Buches, verschwieg seinen Namen. Nicht ohne Grund. Was er über die Leipziger Frauen schrieb, wurde als unerhört, als verwerflich empfunden, zumindest von Zensur und Behörden. »Leipzig im Taumel« wurde sofort verboten, das Buch eingezogen und nahezu vernichtet. Der Drucker des Buches wurde verhaftet. Salomon wurde ausfindig gemacht und sollte festgenommen werden. Aber er war schneller als Leipzigs Moralhüter, er war nach Erfurt geflohen.

Langsam beginnen Feuer zu glimmen

Vor Beginn des 19. Jahrhunderts nahm die Kritik an den sächsischen Zuständen zu. Verbote von Schriften und Zeitungen, Zensur, Verfolgungen und Landesverweisungen hatten ihre erwünschte Wirkung verfehlt. Immer weniger gelang es, die revolutionäre Entwicklung in Frankreich zu verschweigen. Selbst einigen sächsischen Adeligen wurde das Festhalten am alten Recht und alter Ordnung zu viel.

In einem Brief an Novalis (Friedrich Leopold von Hardenberg), den Dichter der Blauen Blume, dem Reich von Nacht und Tod, sprach Hans-Georg von Carlowitz, einer alten verdienstvollen sächsischen Familie angehörend, über »die Rätsel der sächsischen Verfassung..., die alle Dummheiten in sich fasst und jetzt das mächtige Banner der Ignoranz, der Brutalität und des Egoismus« darstellt. In einem weiteren Brief vom 20. Januar 1799, wieder an Novalis, der sich zum Frühromantiker entwickelte, hieß es: »Du glaubst nicht, wie groß die Torheit und der Unverstand der sächsischen Stände ist.« Einige Kritiker verschonten selbst den sächsischen Kurfürsten Friedrich August nicht, den »eigentlich schwachen Herrscher« (Menzhausen, S. 202). Ein gewisser Andreas August Hering meinte: »Eines der ersten und vorzüglichsten Gebrechen in der sächsischen Verfassung, zum größten Nachteil des Staates, dürfte wohl unleugbar in dem Adel persönlich zustehenden Prärogativen (Vorrechten) und Vorzügen zu suchen und darin auch der Grund zu finden sein, warum von seinen Regenten so wenig für sein Land hat geschehen können, ohne den Adel dabei in seinen usurpierten (widerrechtlichen) Vorrechten zu beschneiden.«

König Friedrich August I. auf dem Schlossplatz Dresden.

Am schonungslosesten beschrieb der Publizist Georg Friedrich Rebmann, den man aus Dresden gejagt hatte, die sächsischen Zustände: »Der niedrige Faulenzer, vom Schweiß des Landmanns fett, weidet sich zum voraus an der zitternden Gebärde des gedrückten Armen...« Ungeschminkt beurteilt er das Hofleben: »Die Etikette ist daher an diesem Hofe strenger als an irgendeinem anderen. Das Hofreglement bestimmt dem Kurfürsten, wann er speisen, wann er Ball schlagen, wann er L`hombre spielen und wann er auf die Jagd gehen muss.«

Vernichtend ist sein Urteil über die Sachsen: »Sie betrachten ihren Regenten als ein Wesen von ganz anderer Art, als sie sind, und bezeigen gegen alles, was nur von ferne zum Hofe gehört (und sollte es der geringste Schuhputzer sein) eine wirklich knechtische Unterwürfigkeit. Sie sollten einmal auf der Elbbrücke sein, wenn der Kurfürst auf die Jagd fährt, und den Haufen Menschen sehen, die mit abgezogenem Hut in der größten Kälte oder Hitze harren, um den Mann zu sehen, den sie hundertmal gesehen haben und der sie, der Regel des Hofes nach, gar nicht bemerken darf. Die Sachsen scheinen bis auf den heutigen Tag noch nicht überzeugt zu sein, daß ihre Regenten zu Fuße gehen können oder auch nur, daß sie essen und verdauen wie andere Menschenkinder...«

Es sollte dauern, ehe diese verkrusteten und menschenverachtenden Zustände im Königreich energischer in Frage gestellt wurden, rund 50 Jahre später im Maiaufstand 1849. Was die höfische Etikette betrifft, erwies sie sich als beständig. Der Schriftsteller Ludwig Renn, der als Arnold Friedrich Vieth von Golßenau in Dresden eine Offiziersausbildung erhalten hatte, stellte in seinem 1944 im mexikanischen Exil erschienenen Buch »Adel im Untergang« die Dresdner Hofetikette als »etwas ganz und gar Verschlissenes, als ein Rudiment einer nutzlos gewordenen Klasse« dar.

Niederlage bei Jena

Krieg und Kriegsgeschrei in Europa, Geheimdiplomatie in Wien, Paris, Berlin, London und Moskau. Wechselnde Kriegsverläufe, wechselnde Fronten und Bündnisse. Aufregende Entwicklungen in Frankreich. Die vereinte Reaktion hatte in mehreren Koalitionskriegen, an denen sich auch Sachsen beteiligte, das revolutionäre Frankreich zu besiegen versucht. Ohne großen Erfolg. Napoleon hatte sich zum Kaiser der Franzosen erklärt. Und in Sachsen saß ein ängstlicher, unentschlossener Kurfürst, der glaubte, sein Land aus den Wirren der Zeit heraushalten zu können. Ein löblicher Vorsatz, aber ohne realistische Grundlage.

1806 befand sich der Kurfürst Friedrich Augst III. im dritten Jahrzehnt seiner Regierungszeit. Die schwierigsten Entscheidungen lagen noch vor ihm, aber Veränderungen hasste er. Kriegerischen Auseinandersetzungen war er bisher ausgewichen. Jetzt gab der Kurfürst auf Wunsch Preußens seine Neutralität auf und gestattete den Truppen Friedrich Wilhelms III. den Durchmarsch durch Sachsen. Preußen hatte in größenwahnsinniger Selbstüberschätzung Frankreich den Krieg erklärt. Sachsen entschloss sich, mit Preußen gegen Napoleon zu kämpfen. Eine folgenschwere Entscheidung. Sie verdeutlicht, dass der Kurfürst, der ein redlicher Mensch gewesen sein soll, und seine Regierung den Zeitumständen in keiner Weise gewachsen waren. Bereits in der Schlacht bei Austerlitz 1805 (Slavkov, Südmähren), unweit Brno, hatten Österreich und Russland gegen Napoleon verloren. Das Heilige Römische Reich deutscher Nation hörte auf zu bestehen. Franz II. legte die römisch-deutsche Kaiserkrone nieder und erklärte sich zum österreichischen Kaiser (Franz I.). Im Westen Deutschlands entstand im August 1706 der Rheinbund. Ihm schlossen sich 15 süd- und südwestdeutsche Fürsten an. Sie zeigten sich Napoleon gefügig. Das Angebot Frankreichs, dem Rheinbund beizutreten, lehnte Friedrich August III. ab. Vielmehr trat er dem Norddeutschen Bund bei, den Preußen dominierte. Sachsen unterstellte seine Truppen - etwa 22 000 Mann - dem preußischen Oberbefehl.

Am 14. Oktober 1806 kam es zur Doppelschlacht bei Jena und Auerstedt. Gleich zu Beginn wurde Herzog Karl Wilhelm von Braunschweig ins Gesicht getroffen und starb kurze Zeit später. Friedrich Wilhelm III., der bei seinen Soldaten weilte, vergaß danach einen Oberbefehlshaber einzusetzen. Chaos und Flucht setzten ein. Preußen, das sich für unbesiegbar gehalten hatte, und Sachsen gingen unter. Ein Großteil der Kämpfenden geriet in Gefangenschaft, darunter 6 000 Sachsen. Spöttisch bemerkte ein Mitarbeiter von Karl Marx: »Bei Jena haben die Franzosen einem ganzen Regiment Sachsen die Zöpfe abgeschnitten.« Sachsen war wieder auf der Seite der Verlierer gelandet, wie im Nordischen Krieg, im zweiten Schlesischen Krieg, im Siebenjährigen Krieg. Bitter.

Friedrich August fiel Preußen in den Rücken und erklärte, künftig neutral bleiben zu wollen. Der preußische König floh in Richtung Osten und richtete sich in Memel, heute Litauen, ein. Der Frieden zu Tilsit (1807) war hart. Preußen verlor danach mehr als die Hälfte seines Territoriums. Berlin blieb von den Franzosen besetzt. Dort spotteten die Gassenjungen über den König: »Unser Dämel sitzt im Memel.« Wie es scheint, nicht ganz unrecht. Von Napoleon ist bekannt, dass er Friedrich Wilhelm III. für einen Dummkopf hielt.

In dieser Phase erwies sich Napoleon als wahrer Meister im europäischen Kräftespiel. Er entließ die gefangenen sächsischen Offiziere auf Ehrenwort, nicht wieder gegen ihn zu kämpfen. Der Pulverdampf bei Jena war noch nicht verraucht, als der sächsische Offizier Ferdinand Funk nach Dresden ritt. Die Botschaft, die er mitführte, war von höchster Bedeutung. Napoleon bot Sachsen Frieden an. Friedrich August stimmte zu. Dennoch besetzten Rheinbund- und französische Truppen Sachsen. In Posen wurde Frieden geschlossen. Sachsen hatte Frankreich künftig Truppenkontingente zu stellen. Noch für das Jahr 1806 waren reichlich sieben Millionen Taler (25 Millionen Franc) Kontribution an Frankreich fällig.

Napoleon erhöhte Friedrich August III. für sein Wohlverhalten zum König von Sachsen. Der Wettiner nannte sich hinfort Friedrich August I. Diese Ehre wurde auch dem bayrischen Kurfürsten zuteil. Napoleons Ziel war aufgegangen, er hatte Sachsen von der »preußischen Knechtschaft« befreit und mit preußischen Gebietsschenkungen künftig für Spannungen mit Berlin gesorgt. Sachsen trat dem Rheinbund bei und wurde Napoleons Verbündeter. Im Juli 1807 besuchte der Kaiser zum ersten Mal die sächsische Residenz und lernte seinen Verbündeten kennen. Die Dresdner errichteten dem Eroberer Ehrenpforten und jubelten ihm zu. Auch andere Städte – wie Leipzig zum Beispiel – feierten Napoleon, ja ganz Sachsen wurde vom Napoleon-Fieber erfasst. Der Feind war zum bewunderten Freund geworden. Eine schwer nachvollziehbare Haltung. Preußen hingegen blieb antinapoleonisch eingestellt. Preußens König Friedrich Wilhelm III. verabscheute den Franzosenkaiser.

Über Friedrich August wird berichtet, dass er zum aufrichtigen Verehrer Napoleons wurde. Bewunderte der Wettiner in dem Manne das, was er nicht besaß? Dessen Weitblick, dessen Entscheidungsfreude, Unbedingtheit, dessen militärisches Genie? Die Napoleonzeit hatte für Sachsen begonnen. Sie wird Sachsen in eine Katastrophe führen.

Mehr als halb Sachsen verloren

Ein Gemälde von Carl Christian Vogel von Vogelstein bildet König Friedrich August I. in farbiger Uniform ab. Es entstand 1831, erst nach dem Tode des Königs. Gepudertes Perückenhaar straff nach hinten gekämmt, hoher stehender Kragen, golddurchwirkte Epauletten, rote Jacke, gelbe Weste, eine Schärpe über der ordensgeschmückten Brust, die rechte Hand in den Ausschnitt der Jacke geschoben, unter dem linken Arm den Dreispitz geklemmt, den Degen an der linken Seite, silbrig gelbe, enge Hose, die knapp über die Knie reicht. Ein strenges Gesicht wird von einer steilen Nase beherrscht. Gelblich schimmernde Strümpfe und Schnallenschuhe vervollständigen das Gemälde. Dessen Farben erinnern an einen Papagei. Da war Friedrich August schon der große Verlierer, dem die Geschichte »der Gerechte« anheftete.

Im Oktober 1813 folgte Friedrich August Napoleon in die Völkerschlacht bei Leipzig, obschon sich halb Europa gegen den französischen Kaiser stellte, im Oktober auch der ernestinische Herzog von Weimar, Carl August, der Goethefreund. Ihn hatte Napoleon als den »unruhigsten Fürsten in Europa« bezeichnet. Carl August soll einem Bericht des französischen Gesandten zufolge bereits im April 1813 über Napoleon gesagt haben: »Dieses System gründet sich auf gigantische und unausführbare Gedanken, es zieht grenzenlose Kriege und den Verderb Europas nach sich.« König Friedrich August hingegen hatte am 26. September seinen Truppen Treue zu Napoleon befohlen. Dies wird mit seiner Rechtsauffassung und Bündnispflicht erklärt. Nach der Niederlage Napoleons wurde der Wettiner auf dem Leipziger Markt gefangen genommen. 1815 erhielt er die Quittung. Der Wiener Kongress sprach Preußen zwei Drittel des sächsischen Territoriums und knapp die Hälfte der Bevölkerung zu.

Friedrich August I. wurde auf Schloss Friedrichsfelde bei Berlin in Kriegsgefangenschaft gesetzt, Sachsen anfangs dem russischen Generalgouverneur Fürst Repnin-Wolkonski und später Preußen unterstellt. In Friedrichsfelde durfte der Wettiner die Häme der Sieger erfahren. Er wurde von allen Verhandlungen über das künftige Königreich Sachsen ausgeschlossen. Das habe ihm sehr wehgetan, dem Recht und Ordnung sehr viel bedeutet haben sollen, berichten heimatverbundene Historiker. Karlheinz Blaschke meint: »Es wird für allezeit zu den Ungerechtigkeiten der Geschichte gehören, daß der Mitläufer Sachsen ungleich schwerer bestraft wurde als der Hauptschuldige Frankreich, während die anderen, zeitiger und aus freien Stücken in den Rheinbund eingetretenen Mitläufer nicht nur keine Verluste erlitten, sondern auch noch beträchtliche Gebietsteile hinzuerwarben« (Fürstenzug, Seite 197). So zum Beispiel das Großherzogtum Sachsen-Weimar-Eisenach. Hätten nicht Frankreich, England und Österreich die totale Einverleibung Sachsens durch

Preußen abgelehnt, wäre das Königreich nach 1815 ausgelöscht worden. Das große Erstarken Preußens wurde somit verhindert. Dennoch stieg Preußen nach 1815 endgültig zur Großmacht auf.

Am 7. Juni 1815 kehrte Friedrich August nach knapp 20 Monaten Gefangenschaft in die Hauptstadt des nun sehr kleinen Landes zurück. Man müsste meinen, dass seine Anhänglichkeit an Napoleon und die großen Gebietsverluste nicht vergessen waren. Geirrt, weit geirrt. Das Gedächtnis der Dresdner, der Sachsen war kurz. Vergessen war, dass der Wettiner wieder auf der falschen Seite gestanden hatte und dafür von den Verbündeten bestraft worden war, vergessen waren die vielen Toten. Die inbrünstige Liebe der Dresdner zum König war unerschütterlich. Der Rat der Stadt gab devot bekannt: »Friedrich August kehrt nach langer Trennung in seine Residenz zurück, er unser Vater, unser geliebter König, wird wieder unter uns sein.« Durch Ehrenpforten fuhr der von den Siegern gedemütigte Friedrich August I. in seine Hauptstadt ein, die er kaum kannte. In Weiß und Grün gekleidete Jungfrauen, zumindest wurde dies behauptet, winkten ihm zu. Bürgerabordnungen verneigten sich tief, Männerchöre schmetterten, Glocken läuteten, Pastoren segneten die Rückkehr des katholischen Landesvaters, Kanonen donnerten. Dresden, das die Preußen als Besatzer empfunden hatte, war tief gerührt. Sachsen hatte seinen König wieder. Es gab auch Spötter: Einer bezeichnete das Königreich als »gekrönte Amtshauptmannschaft«. Zugegeben: Die preußischen Behörden in Dresden, die nach der Niederlage Napoleons in der Residenz wirkten, hatten sich nicht gerade durch Feinfühligkeit ausgezeichnet.

Wer erwartet hatte, dass nach der Niederlage längst überfällige Reformen begonnen würden, sah sich wieder bitter enttäuscht. Es gab keine Spur von Neubeginn, nicht einmal einen Versuch. Der leiseste Verdacht, Verfechter von Reformen zu sein, genügte, um entlassen oder degradiert zu werden. So erging es zum Beispiel Theodor Winkler- Hell, dem

Herausgeber der »Abend-Zeitung«, einem Unterhaltungsblatt. Er, der es zum Intendanten des Staatstheaters gebracht hatte, wurde vom König zum Sekretär herabgestuft. Friedrich August I. war zu Reformen weder willens noch fähig. Vielmehr verstärkte sich in den folgenden Jahren seine Abneigung gegen jede Veränderung. In »Sachsens Herrscher« heißt es: »Dies führte dazu, dass Sachsen auch nach 1815 keine Reformära erlebte, vielmehr in den verbleibenden zwölf Jahren der Regierungszeit Friedrich Augusts I. im politischen Bereich einer jeglichen Neuerung feindlichen Lähmung unterlag« (Halder, Winfried, S. 221).

Nach dem Wiener Kongress folgten in Europa Jahre der Restauration. Sachsen schied als tonangebender Mittelstaat in der deutschen Politik endgültig aus. Es war zu einem unbedeutenden Ländel geschrumpft, das an einem reaktionären Kurs festhielt. Das Königreich trat dem Deutschen Bund bei und verweigerte standhaft eine neue Verfassung, die sich andere Bundesstaaten inzwischen zugelegt hatten, auch das Großherzogtum Sachsen-Weimar-Eisenach. 59 Jahre regierte Friedrich August I., immer unfähiger, mit den Problemen Sachsens und der Zeit fertig zu werden.

Webers bissige Bemerkung

Der Komponist, Musiker und Dirigent der deutschen Frühromantik Carl Maria von Weber, dem bereits Prag zugejubelt hatte, kam im Dezember 1816 nach Dresden. Er wurde zum Kapellmeister und Musikdirektor der neu gegründeten Deutschen Oper ernannt und auf Lebenszeit angestellt. Zuvor dominierte in Dresden die italienische Oper. Befremdlich ist, dass sein »Freischütz« zuerst in Berlin (8.6.1821) und nicht in Dresden uraufgeführt wurde. Premiere in Dresden war erst am 26.1.1822. Trotz großer Erfolge bereitete Weber Sachsens Zustand Unbehagen. Er sprach von einer »lähmenden, jeden hohen Schwung hindernden Luft von oben und von allen Seiten« (Neidhardt, Hans Joachim, Die Malerei der Romantik in Dresden, S. 280).

Auf dem Königstein erhängt

Ein Kapitel kriminellen Geschehens nahm 1830 seinen Lauf. Es gärte im Königreich Sachsen, in Leipzig, in Dresden, in den anderen größeren Städten Chemnitz, Plauen, Zwickau, Meißen, auch im Erzgebirge. Die Julirevolution in Frankreich erweckte beim sächsischen Bürgertum Hoffnungen, allerdings maßvolle. Die Enttäuschung, dass der völlig ungeeignete Anton nach dem Tode des Königs Friedrich August I. 1827 nicht auf seine Thronfolge verzichtet hatte, hielt an.

Anton war 71 Jahre alt, als er die Regierungsgeschäfte übernahm. Liberale Köpfe forderten immer nachdrücklicher eine neue Verfassung und eine Einschränkung der Adelsprivilegien. Die bestehende Verfassung war völlig veraltet und entsprach in keinem Fall dem wirtschaftlich erstarkten Bürgertum und seiner Leistung. Sie war seit dem beginnenden 18. Jahrhundert, ja sogar seit dem 16. Jahrhundert, kaum verändert worden. In anderen Ländern, denen keinesfalls liberale Haltung bestätigt werden kann, sah das ganz anders aus. Bayern und Baden gaben sich bereits 1818 eine neue Verfassungsurkunde, Württemberg 1819, das Großherzogtum Hessen 1820. In Sachsen mangelte es an Einheit und an Kraft zum gemeinsamen Handeln. König und Regierung waren sich weitgehend einig: keine Veränderungen des Steuerrechts, keine Veränderungen zum Nachteil des Hauses Wettin und des Adels, keine Presse-, Versammlungs- und Meinungsfreiheit. Kritiker der Regierung wurden als »Verräter« bezeichnet. Die Forderung, eine allgemeine Übersicht des Staatshaushaltes vorzulegen, lehnte König Anton auf dem Landtag 1830 ab.

Anton war – wie sein verstorbener Bruder Friedrich August I. zuvor – nicht im Geringsten zu Veränderungen in

Staatsgeschäften bereit. Er war einer der unfähigsten Herrscher in der langen Reihe der Wettiner. Sein Regierungsgrundsatz lautete: Es bleibt alles beim Alten. Sein erster Minister, Detlev Graf von Einsiedel, der »Hauptvertreter der sächsischen Restauration« (G. Jäckel), regierte autoritär. Die Forderungen nach einer Verfassung tat er als »Unsinn« ab. Aber im Land erschienen kritische Schriften.

1830 kam es zu ersten größeren Zwischenfällen mit der Obrigkeit. In Leipzig verprügelte die Polizei am 2. September lärmende Schmiedegesellen, die auf dem »Brühl« einen Polterabend feierten. Die Lage eskalierte. Handwerksgesellen, Lehrlinge und Studenten demonstrierten gegen den Magistrat. »Es lebe die Freiheit«, riefen sie, »nieder mit der Polizei.« Die zornige Menge zog zur Wohnung des Polizeipräsidenten Karl Heinrich von Ende, warf dort die Fensterscheiben ein und verlangte seinen Rücktritt. In Dresden wurde schnell gehandelt. 1 200 Soldaten wurden nach Leipzig geschickt. Regierungskommissar Carlowitz erhielt den Befehl, »bei der ersten Gewalthandlung eines rebellischen Trupps Feuer zu geben«. Carlowitz hielt sich zurück. Es wurde vorerst nicht geschossen. Der verhasste Polizeipräsident musste entlassen werden, die städtische Polizeikompanie wurde aufgelöst, brutale Beamte suspendiert. Als die Leipziger Ereignisse in Dresden bekannt wurden, brach auch in der Residenz der Aufstand aus..

An der Elbe wurde die Marseillaise gesungen, französische Fahnen, die man zusammen genäht hatte, wurden geschwenkt, das Polizeigebäude und das Rathaus gestürmt, Akten und Möbel verbrannt. Eine leichte Schützenbrigade drang auf den Altmarkt vor. Steine flogen. Man ging aufeinander los. Zwei Handwerkergesellen wurden mit Bajonetten erstochen, sechs weitere verletzt. Das Militär, das sich großem Widerstand ausgesetzt sah, zog sich in die Neustadt zurück. König Anton, der sich in Pillnitz aufhielt, wurde gezwungen, den verhassten Einsiedel zu entlassen und seinen Neffen Friedrich August als Mitregenten einzusetzen.

König Anton war erschüttert: »Ich habe geglaubt, dass mein Volk mich liebt«, soll er gesagt haben, »ich habe keinen gekränkt und alles so gelassen, wie es unter meinem Bruder war« (Friedrich August I.). Es kam zur Gründung einer bewaffneten Kommunalgarde.

Von den Ereignissen ermutigt, übergaben Leipziger Buchhändler, darunter der Verleger Brockhaus, König Anton eine Schrift. Darin hieß es: »Ew. Majestät standen zeither Ihrem Volke zu fern, es entstand eine Entfremdung, die jeder Einzelne nur schmerzlich empfand, alle Öffentlichkeit der Verhandlungen wurde untersagt, die Freiheit der Presse, selbst über die inneren Angelegenheiten des Landes, gefürchtet und jede Bitte des Volkes um zeitgemäße Reformen... mittels eines schwerlastenden Pressezwangs unterdrückt... und eine unheilvolle Kluft zwischen Regierung und Volk erschreckte längst alle wohlgesinnten treuen Sachsen... Wir bitten, allergnädigster Herr, zuerst um Pressefreiheit.« Die Unruhen blieben nicht auf die beiden Städte beschränkt. Sie erfassten mehr als 30 Städte und mehrere Dörfer. In 24 Zittauer Ratsdörfern zum Beispiel rebellieren die Heimweber gegen den Stadtmagistrat. In Neukirch, Oberlausitz, wurden Gerichtsakten verbrannt.

Die Leipziger und Dresdner Aufbegehren im September 1830 ließ die Regierung aktiv werden. Die Akten halten fest: Gegen 1225 Personen wurde ermittelt, 83 wurden zu mehrjährigen Zuchthausstrafen verurteilt, 79 zu mehrjährigen Gefängnisstrafen, 249 zu einigen Wochen Gefängnis. Die Regierung versuchte, Zeit zu gewinnen, versprach Veränderungen. Als schließlich wieder nichts geschah, kam es erneut zu Unruhen.

Prinz Johann, der in jüngerer Zeit zu einem friedvollen Schöngeist aufpoliert wird, erhielt den Auftrag, für Sicherheit und Ruhe zu sorgen. Er befahl am 4. Dezember 1830 die Entwaffnung der Nationalgarde. Einige Mitglieder verweigerten die Abgabe der Waffen. Johann fackelte nicht lange. Er ließ an die 20 Nationalgardisten als »Aufrührer« auf den

Königstein bringen. Darauf demonstrierten einige tausend Dresdner. Sie forderten vom Prinzen die Freilassung der Verhafteten. Prinz Johann ließ in die Menge schießen. In seinem Tagebuch heißt es: »Als aber der Pöbel vordringen wollte, rückte ihm eine Abteilung des Leibregiments unter Oberst von Dallwitz bis zum Ausgang der Badergasse entgegen und gab, als sie von dort mit Steinen und Balken beworfen wurden, eine scharfe Salve in dieselbe. Das Jammergeschrei, das aus der dunklen Gasse hervordrang, machte einen grauslichen Eindruck, jedoch sah ich die Notwendigkeit der Maßregel ein, zu der ich selbst geraten hatte. In der Nähe wurde es nun ruhig, und ich begab mich nach Hause« (zitiert nach Fellmann, Sachsens Könige, Seite 85). Diese Kämpfe im April forderten vier Tote und 13 Verwundete. Der Kommentar Johanns: »Die Unruhen haben... strenge Maßregeln zur Aufrechterhaltung des Gesetzes, der Ruhe und der Ordnung zum eigenen Wohle der Stadt, so wie des ganzen Staates, notwenig gemacht.«

In Dresden war inzwischen ein Bürgerverein entstanden. Schnell gehörten ihm etwa 2 000 Mitglieder an. Die Aktivsten trafen sich regelmäßig im Kaffeehaus Kreutz am Altmarkt und diskutierten die Missstände. Nach der erzwungenen Auflösung der Nationalgarde war man in Dresden nicht mehr bereit stillzuhalten. Wortführer des Bürgervereins war der Dresdner Jurist Bernhard Moßdorf. Der Mann hatte in Leipzig Jura studiert. Als sich die Griechen gegen die Türken erhoben hatten, kämpfte Moßdorf für die Freiheit der Hellenen. Zurückgekehrt ließ er sich in Dresden als freier Advokat nieder. Der Bürgerverein beauftragte ihn, eine Verfassung zu entwerfen. Moßdorf war entschlossen, dem reaktionären Treiben ein Ende zu setzen. Die »Constitution, wie sie das sächsische Volk wünscht«, die Moßdorf entwarf, übertraf alle bisherigen Forderungen. Ihr war Aufrührerisches vorangestellt: »Und wird sie (die Verfassung) nicht gewährt, so pochen wir mit dem Flintenkolben an.« Sachsen sollte in einen deutschen Nationalstaat aufgehen. Er forderte die Gleichheit aller Bürger vor dem Gesetz, Glaubensfreiheit, Pressefreiheit, Versammlungsfreiheit, Wahrung des Briefgeheimnisses, Trennung von Staat und Kirche, allgemeines Wahlrecht und eine allgemeine Volksbewaffnung. Von der künftigen Staatsgewalt hieß es: »Die Souveränität liegt im Volk. Von ihm geht alle Gewalt aus.« Der Entwurf wurde veröffentlicht. Das war stark, das war ein Frontalangriff gegen Hof, Regierung und Adel.

Die Regierung verbot die Zusammenkünfte im Kaffeehaus Kreutz in der Schreibergasse am Altmarkt und ließ die Vereinsvorsteher und andere aktive Mitglieder der Bürgervereinigung verhaften, setzte gar das Militär zur Niederschlagung der Bewegung ein. Der Ausnahmezustand wurde erlassen. Die Reaktion begann zu wüten. Es gab Tote und Verletzte. »In der Stadt befanden sich... sieben Bataillone Infanterie, ein Detachement Leibgarde, zehn Kompanien Fußartillerie, eine Kompanie Sapeurs (Pioniere), sieben Eskadron Gardereiter und leichte Reiter sowie zwei Batterien reitender Artillerie. Um die Soldaten bei guter Laune zu halten, erhielten sie täglich die doppelte Löhnung sowie kostenlos Fleisch und Bier« (Geschichte der Stadt Dresden, Band 2, Seite 538). Dieses Großaufgebot an Militär ging rücksichtslos gegen Demokraten und Liberale vor. Moßdorf und sein engster Mitstreiter, der Unternehmer Anton Bertholdy, wurden zu je 15 Jahren Festungshaft verurteilt. König Anton und sein Mitregent Friedrich August bestätigten dieses Urteil am 1. September 1831. Sie wurden »als gemeine gefährliche Staatsverbrecher« (Dresdner Hefte 26, 2/91, Seite 41) auf den Königstein deportiert und dort in Einzelhaft gehalten. Offenbar hatte die Reaktion selbst vor den Gefangenen Angst. Im Spätherbst meldeten die Behörden, dass sich beide in ihren Zellen aufgehängt hätten, an Füßen und Händen gefesselt, Bertholdy in der Nacht zum 5. September 1833, Moßdorf in der Nacht zum 15. November 1833. Er hing mitten im Raum in Ketten gelegt. Das Verbrechen wurde nie aufgeklärt. Man darf mit Sicherheit behaupten, dass Moßdorf und Bertholdy umgebracht wurden. Wer den Befehl dazu gab, und wer ihn ausführte, bleibt ungeklärt. Dass das Königreich Sachsen nicht daran interessiert war, dieses Kapitel zu erhellen, kann nachvollzogen werden. Dass aber die jüngste Geschichtsschreibung den Tod der beiden unterschlägt, ist befremdend. In der »Geschichte Sachsens« (Reiner Groß, 2001, S. 203) endet die Darstellung mit der Verhaftung Moßdorfs und Bertholdys und ihrer Verurteilung zu 15 Jahren Festungshaft und ihrer Verbringung auf den Königstein. Auch in der jüngsten »Geschichte der Stadt Dresden«, anlässlich der 800-Jahrfeier Dresdens 2004 erschienen, Bd. 2, S. 538 ff, wird der Tod der beiden nicht erwähnt, im oben genannten Dresdner Heft ebenfalls nicht. (R. Groß verweist in einer Fußnote auf einen »königlich-sächsischen Mordfall«, ohne einen Namen zu nennen.) In »Die Herrscher Sachsens«, München 2004, Wolfgang Tischner ab S. 223, gibt es den Fall Moßdorf und Bertholdy überhaupt nicht, er wird nicht mal im Personenregister erwähnt. Das zu verschweigen ist Geschichtsfälschung.

Das Vorgehen nach den Unruhen sei deshalb genannt: Ein Standgericht verhängte gegen 45 Personen 1 416 Monate und zwei Wochen Haft, 30 Jahre Festungshaft, 93 Jahre Zuchthaus, 82 Monate Gefängnis, zwei Wochen Gefängnis mit 20 Stockhieben. Die meisten Verurteilten wurden im Zuchthaus Waldheim eingesperrt. Dort mussten sie sich nach ihrer Ankunft entkleiden. Dann wurden sie an einen Pfahl gebunden und mit einem Ochsenziemer auf den Rücken geschlagen, bis er zerfleischt war.

Am 4. September 1831 erhielt Sachsen endlich eine Verfassung. Damit wurde die Entwicklung zu einem bürgerlichen Verfassungsstaat im Rahmen einer konstitutionellen Monarchie begründet. Diese Verfassung blieb 50 Jahre gültig.

Blutbad in Leipzig

Wieder rückte Prinz Johann, der Bruder Friedrich Augusts II., in den Mittelpunkt eines blutigen Geschehens. In Sachsen, das protestantisch geprägt war, erstrebte die katholische Kirche mehr Anerkennung und Öffentlichkeit. Das war den Protestanten ohnehin ein Graus. Sie sprachen von einem Götzendienst. Im Herbst 1844 kam es in Annaberg zu einem Aufsehen erregenden Ereignis. In der dortigen katholischen Kirche wurde der Altar dem Stifter der Jesuiten Franz Xaver geweiht. Dies empfanden die Lutheraner als Provokation. Der Jesuitenorden war in Sachsen verfassungsmäßig verboten. Schöngeist Prinz Johann, der als religiöser Eiferer galt, stand im Ruf, die Katholiken zu fördern und den Jesuitenorden zu ermutigen. Ihm wurde unterstellt, dass er die Weihe des Altars befördert habe.

Am 12. August 1845 reiste Prinz Johann mit der Eisenbahn nach Leipzig. Dort besuchte er offiziell als Generalkommandant der Kommunalgarde Leipzig. Sie war als Bürgerwehr nach 1830 zum Schutze der Stadt und ihrer Bürger entstanden. Sein Aufenthalt war den Messestädtern nicht willkommen. Als er den Aufmarsch der Bürgerwehr am Nachmittag abnahm, gab es Pfiffe und Geschrei. Den Leipzigern fehlte offenbar ein Stück der Dresdner Untertänigkeitsbereitschaft. Johann war im Hotel de Prusse am Rossplatz abgestiegen und speiste dort mit den Honoratioren. Spät abends bot ihm die Militärkapelle den Zapfenstreich dar. Als sie abzog, blieb eine Menge Volk vor dem Hotel stehen. Es bedachte den Prinzen und den Papst mit Schmährufen und forderte den Prinzen auf, sich zu zeigen. Nieder mit den Jesuiten erscholl. »Ein Feste Burg ist unser Gott« wurde gesungen. Einige stimmten Schillers Räuberlied »Ein freies Leben führen wir« an. Steine flogen gegen die Fenster des Hotels. Der Prinz zeigte sich dennoch nicht. Plötzlich marschierten königliche Truppen auf. Ohne Vorwarnung schossen sie in die Menge. Ein Augenzeuge berichtete: »Mehrere schickten sich an heimzugehen, oder waren auf dem Heimweg; da hörte man plötzlich die Hörner der Jäger ein Signal blasen, bald darauf noch eins. Nun wird pelotonweise von verschiedenen Seiten auf die Zuschauer geschossen, man sieht nicht, woher. Man hört die Kugeln vorbeipfeifen« (zitiert nach Ralf Zerback, Robert Blum, S. 179). Acht Tote blieben auf dem Pflaster liegen, 20 Verletzte (Angaben schwanken) waren zu beklagen. Eine Obduktion ergab, dass die meisten in den Rücken getroffen worden waren. Der Verleger Heinrich Brockhaus berichtete, dass sein Korrektor erschossen worden sei. »Er sei nur vor das Haus gegangen..., um zu sehen, was es gebe.« Am nächsten Tag verließ Prinz Johann die Messestadt, von seiner Kommunalgarde gut bewacht. Robert Blum gelang es, die erhitzten Bürger zu beruhigen. Zwei Wochen nach dem feigen Überfall auf unbewaffnete und bereits fliehende Demonstranten wurden alle politischen Vereine in Sachsen verboten. Ein Jahr später trat Prinz Johann als Kommandant der Kommunalgarde zurück.

Wer den »unsinnigen« Befehl (Menzhausen) zum Schießen gegeben hat, ist bis heute umstritten. Wahr ist: Die Regierung untersagte Untersuchungen, die eine Abordnung mit Robert Blum im Leipziger Rathaus gefordert hatte. Ganz offensichtlich wurde Unangenehmes befürchtet. Etwa 15 000 bis 20 000 Leipziger gaben den Erschossenen das letzte Geleit. Der Leipziger Rat hingegen übertraf sich an Königstreue. Er schickte eine Deputation nach Dresden. Friedrich August empfing die Leipziger ungnädig, auch wenn er betonte, dass er »zu Tränen gerührt und tief ergriffen« sei.

Diese Todesschüsse, die völlig unbegründet waren, gingen als »Leipziger Gemetzel« in die kritische sächsische Geschichtsschreibung ein. Gab der Prinz den Befehl zum Schießen? Zurzeit wird diese Frage nicht gern erörtert. Ein Dokument, das dies belegt, gibt es nicht. Prinz Johann wird den Befehl ganz gewiss nicht schriftlich erteilt haben. Wenn nicht er – wer sonst? Es ist nicht anzunehmen, dass das Militär ohne höchste Anweisung geschossen hat. Soviel aber wird deutlich. Zwischen Obrigkeit, Königshaus und Volk klafften große Gegensätze. Daran hat auch die Verfassung von 1831 nichts geändert. Der König behielt in dem konstitutionellen Staat die Souveränität.

Die Leipziger forderten die Bestrafung der Verantwortlichen. Die Antwort der Reaktion folgte. Sie machte die Leipziger Kommunalgarde für das Geschehen verantwortlich. Man ließ den Rat wissen, dass der König »wankend geworden« sei in seinem Vertrauen zu Leipzig. Der Rat gab tief betroffen kund. Er hätte »den Verlust der Gnade... ihres geliebten Landesherrn nicht verdient.« Schließlich erklärten Kommission und Landtag, dass das Militär im Recht gewesen sei. Zwei Bürger, die an den Gräben der Ermordeten eine Rede gehalten hatten, wurden des Landes verwiesen.

In den nächsten Jahren verschärften sich die Gegensätze zusehends. König Friedrich August II - einst voller Hoffnungen begrüßt - wandelte sich immer mehr zu einem reaktionären Fürsten, der an der bestehenden Unordnung nicht rütteln ließ. Er begriff ohnehin die Zeichen nicht, die von der Industrialisierung des Landes, von den Lokomotiven, Dampfschiffen, Baumwollspinnereien und Webereien, ausgingen. Andere erkannten es deutlich und früher, zum Beispiel Johann Wolfgang von Goethe in »Wilhelm Meisters Wanderjahre«: »Das überhand nehmende Maschinenwesen ... wälzt sich heran.«

Zwei große Parteien traten kräftiger in das Rad der Geschichte, die Industriellen, Kaufleute und Ingenieure und die Arbeiter in den lärmenden Fabrikhallen. Die Verbitte-rung im Land stieg. In Freiberg kam es zu Zusammenstößen zwischen Bergbaustudenten und Soldaten. Die Revolution von 1848 reifte heran.

Robert Blum in Leipzig

Der Kölner Robert Blum, Handwerker, Handelsreisender, Theatermann, Schriftsteller, Journalist, Politiker und Verleger, kam im Sommer 1832 nach Leipzig, sieben Jahre vor der Fertigstellung der ersten Ferneisenbahn auf dem europäischen Kontinent. Leipzig war eine kleine Stadt mit etwa 40 000 Einwohnern, aber mit einem großen Wirtschaftspotenzial und einer bedeutenden Buch- und Verlagslandschaft. Der Dichter Heinrich Laube über Leipzig: »klein und still«. Zum Vergleich: Berlin war um 1640 etwa sechsmal größer als Leipzig. 1840 gab es in der Messestadt 113 Buchhandlungen. Als Blum an der Pleiße eintraf, grassierte in Europa die Pest. In Berlin war der Philosoph Hegel an ihr gestorben. Angst ging in Deutschland um. Die Reaktion beobachtete misstrauisch die wohlhabende Stadt, sie erschien ihr ein »liberaler Sumpf« zu sein (Ralf Zerback, Robert Blum, S.57).

Blums Enttäuschung über die Leipziger war gallig: Man könne »aus geborenen und gezogenen Spießbürgern... keine Helden machen. ...Menschen, die weder im herrlichsten Sonnenschein noch im welterschütternden Sturm die Schlafmütze abnehmen, kann man nirgend hinschicken als eben hinter den Ofen« (Blum, S. 188).

Friedrich August II. lehnt Reichsverfassung ab

Nach dem Wiener Kongress 1815 setzte in Europa eine Restaurationsepoche ein. Mit großem Erfolg. Alles, was nach liberal roch, wurde verfolgt. Ein riesiger Geheimapparat schnüffelte zwischen Berlin, München, Wien, Dresden und Warschau. Es gelang der Reaktion, die alten feudalen Machtstrukturen im Reich wieder herzustellen. Russland, Österreich und Preußen, die Gendarmen Europas, erstickten mehr als dreißig Jahre lang jedes Aufbegehren. Schließlich konnten sie nicht verhindern, dass in Deutschland der Wille zur nationalen Einheit stärker und stärker wurde. In ganz Sachsen entstanden Vaterlandsvereine. Arbeiter begannen sich zu organisieren. König Friedrich August II. hielt eine Thronrede. Er sei zu Opfern bereit, »welche die Umschaffung eines Staatenbundes in einen Bundesstaat von den einzelnen Souveränen erfordere«. Demokraten und Liberale setzten die Wahl einer deutschen Nationalversammlung auf die Tagesordnung. Sie sollte eine Reichsverfassung ausarbeiten. Sachsen stellte 24 Abgeordnete, auf die Demokraten entfielen 20 Sitze. Das überraschte das wettinische Herrscherhaus.

Am 18. Mai 1848 trat das Parlament in der Frankfurter Paulskirche zusammen. Nach langen Debatten wurde am 16. Januar 1849 die Deutsche Reichsverfassung verbindlich. Sie schrieb bürgerliche Verhältnisse für Staat und Gesellschaft vor. »Deutschland sollte ein konstitutioneller Bundesstaat mit einem Erbkaiser an der Spitze werden« (Dresdner Heft 43, 3/95, Seite 7). Ohne fürstlich regierte Staaten.

Die Sensation, die den Dresdner Hof erschreckte: Sachsens beide Kammern stimmten der Annahme der Reichsverfassung zu und lehnten die Bewilligung von Steuern ab. In Berlin kam es zum Bruch. König Friedrich Wilhelm IV. von Preußen wurde die Kaiserkrone angeboten. Er lehnte sie und die Reichsverfassung ab, weil er Nachteile für das Königreich Preußen befürchtete. Auch er hätte die preußische Staatlichkeit aufgeben müssen. König August von Hannover ließ er wissen: Die Krone sei keine Krone, »wohl aber ein Hundehalsband, mit dem man mich an die Revolution von 48 ketten wolle«. Und seinem lieben Schwager Friedrich August II. in Dresden teilte er mit: »Ihr Könige usw. sollt mich wählen, nicht die Paulskirche.« Der Wettiner hatte nichts Eiligeres zu tun, als die Reichsverfassung ebenfalls abzulehnen. Er verbot dreimal ihre Veröffentlichung. Die beiden Kammern bestanden auf der Anerkennung der Reichsverfassung. Friedrich August hatte nicht begriffen, wie sich das

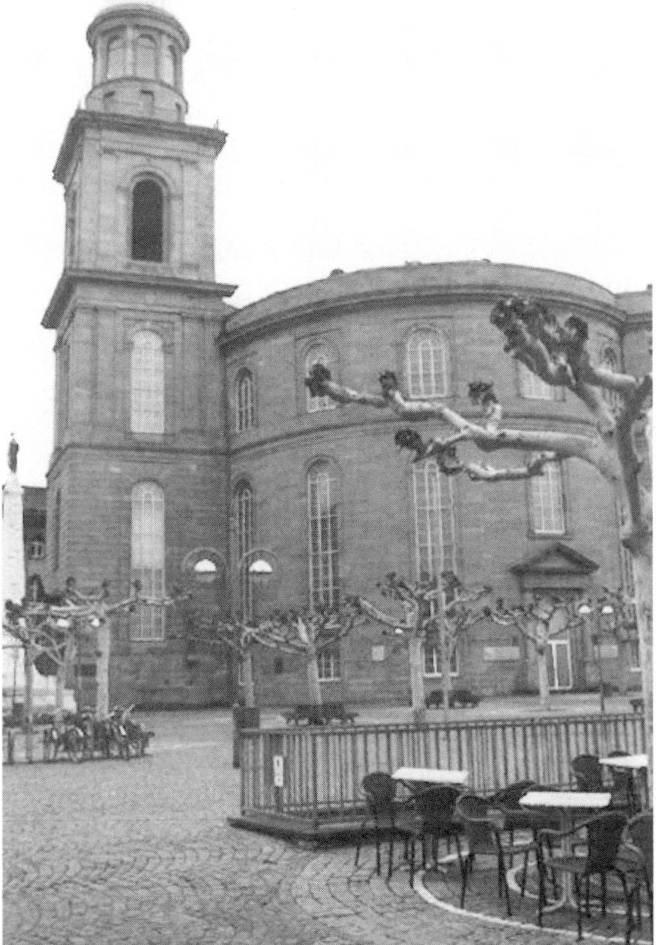

Frankfurter Paulskirche.

Rad der Geschichte drehte. Prinz Johann, dieser erzreaktionäre Katholik, schrieb in der »Neuen preußischen Kreuz-Zeitung«: »Wollt Gott, dass jetzt in Dresden an allen vier

Ecken die Geschütze krachten, und der Kampf sich wuthentbrannt durch die Straßen walzte, es währe dies wahrhaftig besser, als dass... der Abschaum der Volkskräfte sich im Ständehaus im Sessel bläht.« Ein Sturm der Entrüstung erfasste Sachsen. Protestschreiben erreichten das Schloss. Selbst der Rat der Stadt Dresden ermannte sich: »Unser Gewissen gebietet uns, Ew. Majestät, auf die traurigen Folgen und die traurige Gefahr aufmerksam zu machen, in welche eine längere Verweigerung der gerechten Forderung des Volkes das ganze Vaterland und auch insbesondere unsere Stadt stürzen würde.« Am 3. Mai begrüßte die Kommunalgarde in einer Parade die Reichsverfassung. Eine Revolution war im Anzug. In aller Heimlichkeit forderte Friedrich August preußische Truppen an. Er war zum Blutbad entschlossen.

Loses Leben in Leipzig

Leipzig 1847. Prostitution hatte sich längst auf die ganze Stadt ausgedehnt: die innere Stadt, das sogenannte Wilde Viertel, auf die übrigen Vorstädte. Es gab viele Bordelle. Dazu die öffentlichen Freudenmädchen, die des Abends auf Fang gingen. Viele von ihnen besaßen angenehm eingerichtete Privatwohnungen. »Man kann die Leipziger Freudenmädchen einteilen in solche, die in festen Bordellen wohnen, und solche, die ihre eigenen Wohnungen haben, andre, die sogenannte Absteigequartiere benutzen, ...in die Straßen und Alleedirnen... und endlich Arbeiterhuren. ...So verschieden die Klasse dieser Mädchen ist, so verschieden auch ihr Alter vom 14. bis 50., 56. Lebensjahr laufen sie herum. ...Der Hauptherd der vulgären Prostitution ist das ›Wilde Viertel‹, jener Stadtteil, der die Front der Gebäude vom ›Hotel de Prusse‹ bis nahe zur Königsstraße (heute Goldschmidtstraße) den Spaziergängern der Promenade verbirgt und der besonders seit dem Krieg (nach 1813) entstanden ist. ...In diesen Vierteln wuchert die Armut in ihrer schmutzigsten Gestalt«

(Aus der Leuchtturm. Monatsschrift zur Unterhaltung und Belehrung für das deutsche Volk, Jg. 1847, Heft 1). Alle Versuche, der Prostitution Herr zu werden, brachten nichts ein.

Nicht mit zu vielen Gefangenen belästigen

Dresden im April und Mai 1849. König Friedrich August II. hatte den Sächsischen Landtag aufgelöst, der ihm demokratisch verseucht schien. Zorn stieg im Sachsenvolke auf. Anfang Mai gab es die ersten Gerüchte in der Stadt. Es hieß, die Preußen kämen. Aber niemand wusste etwas Genaues. Sie seien schon unterwegs, sickert durch. Mit der Bahn. Dies brachte die Leute auf. Sollte sie ihr König tatsächlich gerufen haben? Das schlossen die meisten aus. Unvorstellbar! Fremdes Militär in der Stadt. Sie irrten sich.

Am 3. Mai bat der sächsische König Friedrich Wilhelm IV. in Berlin: »Allertheuerster Schwager: Ich ersuche dich dringend, mir diese Nacht die möglichste Anzahl von Truppen auf beiden Bahnen zukommen zu lassen. Ich bin aufs Äußerste gedrängt und wahrscheinlich im Augenblick, wo Du diese Zeichen erhältst, auf dem Königstein, oder nicht mehr frei. Dein teurer Schwager Friedrich August.« Dresdner Demokraten gründeten einen Verteidigungsausschuss gegen fremde Truppen. Aber genau genommen, war noch nichts geschehen. Es war weder geschossen, noch revoltiert worden.

Friedrich August und sein reaktionärer Außenminister Beust hielten an der Ablehnung der Reichsverfassung fest. Damit lösten sie den Maiaufstand aus und tragen alle Schuld für das Blutvergießen. Die Regierung verbot eine große Parade der Dresdner Kommunalgarde, die für den 3. Mai auf dem Altmarkt angesagt war. Die Kommunalgarde hatte sich überwiegend für die Annahme der Reichsverfassung ausgesprochen. Am gleichen Tag erschienen die Hauptleute der Kommunalgarde bei Friedrich August. Sie baten ihn erneut, die Reichsverfassung anzunehmen. Er lehnte wieder ab und forderte sie auf »für die Regierung aufzutreten und ihre Waffen zur Sicherung der gesetzlichen Ordnung zu gebrauchen«. Die Hauptleute gaben nicht zu erkennen, ob sie dazu bereit waren. Friedrich Augusts Antwort folgte umgehend. Er gab Befehl, Truppen in Stellung zu bringen. Sie besetzten das Schloss und das Zeughaus (Vorgängerbau des Albertinums). Geschütze und Artillerie wurden aufgestellt, Reiterei angefordert. Eine erregte Menge zog zum Zeughaus. Sie forderte die Herausgabe von Waffen. Das dort verschanzte Militär eröffnete das Feuer. Es gab 20 Tote. Der Maiaufstand um die Anerkennung der Reichsverfassung war ausgebrochen. In kürzester Zeit entstanden in der Innenstadt 108 Barrikaden. Auf ihnen wehten schwarz-rot-goldene und rote Fahnen. Der Hofstaat verschanzte sich im Schloss, geschützt von zusätzlichen Bataillonen und Bajonetten.

Als der Morgen des 4. Mai anbrach, waren der König, Maria Leopoldina, seine Frau, und die Minister verschwunden. Sie waren mit einem Dampfschiff, das in einem Pontonschuppen versteckt worden war, zum Königstein geflohen. Dort wähnten sie sich sicher. Sie führten reichlich Proviant mit, rechneten wohl mit einem längeren Aufenthalt. Offenbar wollten sie abwarten, wie sich die Dinge in Dresden entwickelten. Auch Prinz Johann, der vielleicht wusste, wie unbeliebt er war, hatte sich abgesetzt, schon am 3. Mai. Sicherheitshalber.

Als die Flucht des Königs bekannt wurde, kam es zur Gründung einer provisorischen Regierung im Rathaus. Sie verfasste einen Appell: »Mitbürger! Der König und die Minister sind entflohen. Das Land ist ohne Regierung sich selbst überlassen worden. Die Reichsverfassung ist verleugnet. Mitbürger! Das Vaterland ist in Gefahr. Es ist notwendig geworden, eine provisorische Regierung zu bilden. Die Stadt Dresden ist dem Vaterlande mit dem rühmlichsten Beispiel vorangegangen und hat geschworen, mit der Reichsverfassung zu leben und zu sterben.«

Es kam zu einem Waffenstillstand. Der wurde am 5. Mai vom Militär vorzeitig gebrochen. Soldaten eröffneten die Kämpfe gegen Arbeiter, Handwerker, Studenten, Hochschullehrer, Künstler, Tagelöhner. Die Dresdner Kommunalgarde versagte feige. Sie erklärte sich neutral. Aus dem Umland eilten Freiwillige in den Kampf, die Chemnitzer Kommunalgarde, Kämpfer aus Freital, Freiberg, Oelsnitz, Hainichen. Städte und Bürger erklärten sich mit den Aufständischen solidarisch. In Reichenbach stellte eine Bürgerversammlung fest, dass der König seine Ansprüche auf den Thron verspielt

Denkmal für die Mai-Gefallenen auf dem Alten Annenfriedhof.

habe. Es sei die Zeit gekommen »das konstitutionelle Königtum von Gottesgnaden in Sachsen für immer als abgeschafft zu erklären«. Am 6. Mai, gegen 17 Uhr, traf preußisches Militär in Dresden ein, etwa 2 200 Mann. Den gut ausgebildeten Soldaten hatten die schlecht organisierten und wenig erfahrenen Aufständischen nicht allzu viel entgegen zu setzen. Das Militär stellte sich kaum dem Straßenkampf. Den Preußen, die in Dresden eingetroffen waren, war befohlen worden, »jeden Bewaffneten zu erschießen«. Über der Löwenapotheke an der Wilsdruffer Straße, Ecke Altmarkt, stand die Schauspielerin Wilhelmine Schröder-Devrient und rief den Kämpfern zu: »Rächt euch an der Reaktion.« Der Kapellmeister Richard Wagner beobachtete auf dem Turm der Kreuzkirche das Geschehen. Im Tagesbefehl des sächsischen Kriegsministeriums hieß es: »Die Regierung ist nicht durch zu viele Gefangene zu belästigen.« Das war Aufforderung zum Morden. Und das sah dann so aus: Etwa Gefangene wurden über die Elbbrücke geworfen, Aufständische in die Frauenkirche gesperrt und dort unter unwürdigen Bedingungen festgehalten. August Röckel, einer der Führer der Revolution, schrieb in seinem Buch »Sachsens Erhebung und das Zuchthaus von Waldheim«: »Man verstand es, uns diesen 24stündigen Aufenthalt in der Kirche zu einer Hölle zu machen, deren Erinnerung wohl bis heute noch in keinem erblasst sein dürfte« (S. 74).

Zu Barrikadenkämpfen und Blutvergießen kam es auch am 6. und 7. Mai in Leipzig. Eine heranreitende Eskadron der Kommunalgarde wurde mit Geschrei und Steinwürfen empfangen. Die Pferde scheuten und überritten einen Mann. Ein Verwundeter blieb zurück. Die Lage eskalierte. Die Kommunalgarde schoss. Zwei Tote auf Seiten der Aufständischen und zwei von der Kommunalgarde waren zu beklagen.

Am 9. Mai gegen 2 Uhr brachen die Aufständischen in Dresden den ungleichen Kampf ab. Sie erkannten, dass sie ohne Chance waren. Etwa 1 800 bis 2 000 Mann und die provisorische Regierung flohen in Richtung Freiberg. Dort lösten sich die Truppen auf. Der Maiaufstand 1849 zählt zu den blutigsten Kämpfen für Fortschritt und gegen Reaktion in Sachsen. 197 Aufständische waren gefallen, 400 Gefangene gemacht. Die sächsische Armee beklagte 23 Tote, das preußische Kommando verlor acht Soldaten. Der Versuch, eine politische Wende in Sachsen und die Anerkennung der Reichsverfassung zu erzwingen, war im Kartätschenfeuer schlicht gescheitert. Die Reaktion handelte unversöhnlich. Die vorrevolutionären Verhältnisse wurden wieder hergestellt und das Wahlrecht von 1831 gestrichen. Friedrich Wilhelm IV., der 1848 in Berlin gezwungen worden war, sein Haupt vor den Märzgefallenen zu entblößen, erfuhr noch am 9. Mai von der Niederlage der Aufständischen: »Ich danke Gott auf den Knien für den Sieg«, schrieb er an seinen Schwager nach Dresden. »Die gehoffte Hauptfestung des Teufels ist gefallen. ...Deutschland spürt Morgenluft. Gott ist mit uns.«

Verfolgungswahn

Dresden 9. Mai 1849: Im historischen Zentrum Spuren von Kämpfen, Brandstellen, herausgerissene Pflastersteine, Einschusslöcher in den Fassaden, verwüstete Hauseingänge, durchbrochene Wände in Häusern, eingeschlagene Fenster, Reste von Barrikaden. Darin steckten 34 königliche Hof-, Rüst- und Reisewagen. Das alte Pöppelmannsche Opernhaus war abgebrannt, der Glockenspielpavillon des Zwingers zerstört. »Die ganze Stadt wimmelte von preußischen Soldaten, meist Landwehr. ...die Stimmung in der Stadt war allgemein niedergeschlagen, verbittert, pessimistisch« (Karl von Weber, Tagebücher, Bd. 2, Blatt 171). Allzu großer Schaden war in Dresden dennoch nicht entstanden. Fontane, der große Bewunderer und Kritiker des preußischen Adels, hielt fest: »Die an Eisenstangen hängenden Gewerks- und Wirtshausschilder waren von preußischen Kugeln wie durchsiebt.«

Bereits am 9. Mai kehrte die aus Dresden geflohene Regierung in die Residenz zurück. Sie handelte sofort, während der König auf dem Königstein die Elbe betrachtete und bunte Bildchen malte, um seinen inneren Seelenzustand ins Gleichgewicht zu bringen. Die alte Regierung verhängte den Kriegszustand im Dresdner Umkreis von acht Meilen. Eine Verhaftungs- und Verfolgungswelle nie gewesenen Ausmaßes setzte ein. Gegen 3 000 Teilnehmer des Maiaufstandes wurden Gerichtsverfahren eingeleitet. Gerichte verurteilten im Schnellverfahren. 869 Aufständische erhielten langjährige Zuchthaus- oder Gefängnisstrafen (Zahlenangaben schwanken, es ist auch von 700 die Rede), Todesstrafen wur-

Gottfried Semper, Dresden.

den ausgesprochen, zum Glück in »lebenslänglich« umgewandelt. 22 Revolutionäre, darunter der bedeutende Architekt Gottfried Semper sowie auch der Kapellmeister und Komponist Richard Wagner, die geflohen waren, wurden steckbrieflich gesucht. »...es gab eine unübersehbare Zahl von Einweisungen in Arbeitshäuser und Gefängnisse. Die Verfolgungswelle erfasste das ganze Land. In Leipzig verhängten die Gerichte eine Todesstrafe und 39 Jahre Zuchthaus sowie 38 Jahre Arbeitshaus und Gefängnis. Otto Leonhard Heubner, Mitglied der provisorischen Regierung, und Michail Alexandrowitsch Bakunin, Anarchist, militärischer Berater und Kämpfer, wurden in Chemnitz verhaftet. Heubner wurde zum Tode verurteilt, aber zu lebenslänglich begnadigt, Bakunin nach Wien ausgeliefert. In Zschopau wurde der Pfarrer Ludwig Würkert von der Kanzel weg verhaftet und mit acht Jahren Zuchthaus bestraft; er hatte auf keiner Barrikade gestanden, aber den Dresdner Maiaufstand begrüßt.« (Fellmann, Sachsens Könige, Seite 121 ff)

Der sächsische Schriftsteller August Peters musste neun Jahre im Zuchthaus büßen. Luise Otto, die Begründerin der deutschen Frauenbewegung, heiratete ihn nach seiner Entlassung. Professoren, darunter Theodor Mommsen, Geistliche, darunter der Dresdner Oberhofprediger Christoph Friedrich Ammon, wurden ihres Amtes enthoben. Im Dezember 1849 geschah Unerhörtes. Beide Kammern des Landtags forderten eine Amnestie. Für Friedrich August war dies ein Ärgernis. Er lehnte brüsk ab. Welcher Hass muss ihn getrieben haben, vielleicht die Scham, dass er geflohen war, das Eingeständnis seines Versagens?

Sachsens Demokraten waren der Gewalt wehrlos ausgesetzt. Einer der reaktionärsten Minister, Friedrich Ferdinand von Beust, bestimmte die weitere politische Entwicklung im Lande (ihn wird später der Reichskanzler Otto von Bismarck zur Abdankung zwingen). Alles, aber auch alles wurde zurückgerollt. Die Vereins-, Versammlungs- und Pressefreiheit wurde stark eingeschränkt, die zahme Nationalgarde aufgelöst, der alte ständische Landtag wieder eingesetzt. Da er sich aber nicht sofort so gefügig zeigte, wie es König und Regierung erwarteten, löste ihn Friedrich August II. auf und berief den vorrevolutionären ständischen Landtag wieder ein. Es gelang der sächsischen Reaktion, die alten feudalen Verhältnisse weitgehend wieder herzustellen. Den Maigefallenen, die auf dem alten Annenfriedhof begraben wurden, durften noch zwei Jahre später keine Blumen und Kränze hingelegt werden. Das muss man nicht kommentieren.

Gewisse Historiker bringen für den König viel Verständnis auf. Hans-Christof Kraus in Die Herrscher Sachsens, S. 262: Friedrich August II. erwies sich »keineswegs als der harte Reaktionär, den nicht wenige seiner Zeitgenossen in ihm zu Unrecht gesehen haben«. Kraus sieht ihn als »Melancholiker auf dem Thron«. Es klingt wirklichkeitsfremd und anmaßend, wenn Friedrich August in seinem Testament festhält: »Allen meinen Untertanen, meinen Sachsen, die ich treu geliebt, sende ich meinen Abschiedsgruß: mögen sie meiner in Liebe gedenken.« Kein Wort des Bedauerns wegen der vielen Toten im Maiaufstand 1849. Er hat dafür gesorgt, dass die Adelsreaktion das Land »nach einer großen Revolution wieder fest im Griff hatte« (Fellmann, Könige, S. 124). Viele Sachsen betrachteten Friedrich August II. schon damals mit großer Nachsicht, sie sahen ihn »als Opfer seiner Minister« (ebenda). Historiker Karlheinz Blaschke bezeichnet ihn sogar als »mutig«, weil er mit »seiner Gattin am 8. April 1839 den ersten deutschen Ferneisenbahnzug auf der Rückfahrt von Leipzig nach Dresden« bestieg (Der Fürstenzug, S. 201).

Steckbrieflich verfolgt

Nein, die Reaktion vergaß lange nicht, wer sich gegen sie gestellt hatte. Richard Wagner und Gottfried Semper hatten nach der Niederlage des Maiaufstands aus Sachsen fliehen können. Sie wurden viele Jahre wegen Hochverrats steckbrieflich gesucht. Die Aufführung von »Lohengrin« in Dresden war Wagner bereits zwei Jahre vor dem Maiaufstand verweigert worden. Weimar war klüger. Dort kam das dramatische Stück 1850 zur Uraufführung. Die sächsische Obrigkeit blieb unversöhnlich. Knapp fünf Jahre später, 1853, wurde der Steckbrief gegen Wagner erneuert. 1858 bat dieser den Kronprinzen Albert um Amnestie. Dem Wettiner erschien eine Antwort unangebracht. 1859 wiederholt Wagner seinen Amnestiewunsch – ohne Erfolg. Auch Musikdirektor August Röckel, Revolutionär und von der Obrigkeit gehasst, wurde erst 1862, nach 13 Jahren Haft, aus dem Zuchthaus Waldheim entlassen. Wagner sicherte das Justizministerium die »straffreie Rückkehr nach Sachsen« erst nach 13 Jahren zu. Welch eine Chance vergab das Königreich, mit Musik auf sich aufmerksam zu machen. Selbst Bayern verhielt sich weltoffener und toleranter. Das Spätwerk des Komponisten erlangte dort Weltruf. Der Steckbrief gegen Semper blieb bis 1863 gültig. Er war zu stolz, auch nur einmal um Nachsicht zu bitten. Dresden sah er nie wieder. Er sorgte aus der Ferne dafür, dass die zweite Semperoper nach seinen Plänen von seinem Sohn Manfred ausgeführt wurde.

Eine geistige und künstlerische Talfahrt setzte nach 1849 ein. Kunsthistoriker Joachim Menzhausen klagt: »Es gab nichts (in Sachsen), was mit den Schöpfungen Arnolds von Westfalen (Erbauer der Meißner Burg), Luthers oder Cranachs, nichts, was mit Winckelmann, Bach, Pöppelmann oder Permoser vergleichbar gewesen wäre« (Kulturlandschaft Sachsen, S. 258). Die biedermeierliche Bescheidenheit und sich selbst beschränkende Genügsamkeit hielten an. Neue, frische Ideen sollten es lange schwer haben in der Residenz. »Spätbiedermeierliche Stille herrschte neben dem Stampfen der neuen Maschinen für mehr als dreißig Jahre« (Ebenda). Genie blieb »verdächtig«.

Unversöhnlicher Friedrich August

Der Hass gegen sein aufbegehrendes, renitentes Volk muss sehr tief in Friedrich August gesteckt haben. Dass die Landeskinder sein Gottesgnadentum nicht mehr hinnehmen wollten, soll ihn tief gekränkt haben. Am 9. Mai 1849 hatte er auf dem Königstein einen Aufruf an das sächsische Volk, das ihn so enttäuscht hatte, erlassen. Zynischer ging es nicht: »Vereinigt Euch mit mir zum innigen Dank gegen die tapferen Soldaten der vaterländischen Armee und die auf ge-

König Friedrich August II. auf dem Dresdner Neumarkt.

setzlichem Wege herbeigerufenen braven kgl. preußischen Krieger.« Dafür gab es keine gesetzliche Grundlage. Und er behauptete, dass er im Recht gewesen sei, als er die Reichsverfassung abgelehnt habe.

Mit der Rückkehr in seine Residenz ließ er sich sehr viel Zeit. Es gab Drohbriefe an ihn. Traute er dem Frieden nicht? Vom Königstein nach Pillnitz zu wechseln, lehnte er vorerst ebenfalls ab. Dort fühlte er sich nicht genügend geschützt. Erst im Juli verließ er die Festung und ging nach Pillnitz. Dort fand am 10. Juli 1849 die Abschiedsparade für das preußische Militär statt. Er verteilte Orden, lobte und hielt sich weiter im Pillnitzer Schloss auf. Am 13. Juli erbaten die Dresdner Stadtväter seine Rückkehr. Trotz der Niederwerfung des Aufstands lag die Krise des Königtums bloß. Hellmut Kretzschmar urteilt: Die Schwäche wog »schwerer als selbst Friedrich Wilhelms IV. Kapitulation vor der Revolution (1848 in Berlin) ein Jahr vorher«.

Unerwünschte Gelehrte

Schon einmal hatte sich Sachsen gegen unerwünschte Gelehrte gewandt. Der erste König Friedrich August I. sorgte noch als Kurfürst dafür, dass der Philosoph Johann Gottlieb Fichte 1799 von der Universität Jena verjagt wurde. Der Wettiner hatte den Thüringer Hof auf Fichtes Aufsätze aufmerksam gemacht und darauf hingewiesen, dass der Professor in Jena untragbar sei. Im so genannten »Atheismusstreit« wurde Fichte der Gottlosigkeit verdächtigt. Die Regierung verbot sächsischen Studenten, in Jena zu studieren. Das führte in der Gelehrtenwelt des Reiches zu einiger Empörung. Der in Rammenau bei Bischofswerda geborene Fichte, ein glühender Napoleongegner, wurde mit seinen 14 »Reden an die deutsche Nation« berühmt. Darin entwarf er einen Staat, »dessen höchstes Ziel die allgemeine Erziehung seiner Mitglieder zur Sittlichkeit im gemeinschaftlichen Handeln darstellt«. Er, der Sachse, wurde zum ersten Rektor der Berliner Universität gewählt, die 1809 gegründet wurde. Sie entwickelte sich schnell zu Deutschlands führender Hochschule.

Um 1850 ging die sächsische Regierung gegen mehrere Professoren der Leipziger Universität vor. Sie klagte Gelehrte des Hochverrats an. Die Professoren wehrten sich. Ein Gericht hob in zweiter Instanz das Urteil auf. Es half ihnen nichts. Kabinettsminister Detlev Graf von Einsiedel sorgte dafür, dass sie im April 1850 trotzdem ihre Professur verloren. Sie waren gezwungen, Sachsen zu verlassen, um ihren Lebensunterhalt anderswo zu bestreiten. Darunter befand sich auch der Jurist und Althistoriker Theodor Mommsen, ein hoch geschätzter Wissenschaftler. Er erhielt in Zürich, Breslau und Berlin Professuren. Preußen sonnte sich in seinem Glanz. Mommsen wurde sogar Mitglied im Reichstag. 1902 erhielt er den Nobelpreis für Literatur. Weltberühmt wurde der Gelehrte mit seiner »Geschichte Roms«, die 1861 zum ersten Mal in Berlin erschien und 1933 die 14. Auflage erreichte. Es erwies sich erneut: Mit geistigen Eliten taten sich Sachsens Herrscher zunehmend schwer. Sie flüchteten lieber in Protokolle, Zensur, Jagden und Verbote und duldeten die »Einsiedelei«.

Zorniger König Johann

Mit Johann verhält es sich merkwürdig. Landeshistoriker bestätigen, dass er steif, trocken, schroff, wenig beliebt und verbindlich gewesen sei, sich kaum auf Menschen einstellte, dennoch feiern sie ihn als den bedeutendsten Wettiner des 19. Jahrhunderts, als Gelehrten auf dem Thron, als Übersetzer der »Göttlichen Komödie« von Dante ins Deutsche, die unter dem Pseudonym Philalethes erschien. Kaum sechs Jahre nach seinem Tode ritt er als Militär auf dem Dresdner Theaterplatz, hoch auf dem Syenitsockel, gestiftet vom dankbaren Volk und geschaffen von dem Bildhauer Johan-

König Johann, Dresden, Theaterplatz.

nes Schilling. Wieder war das Gedächtnis der Sachsen in Rührung und Untertanentreue versunken.

Auch Johann verzieh nicht, dass sächsische Demokraten und Liberale sein Gottesgnadentum nicht mehr für zeitgemäß hielten, dass sie es gar in Frage stellten. Mairevolutionäre schien er besonders zu hassen. Wagner blieb ihm ein Rebell. Der reaktionäre Minister Beust soll sogar die Mär in die Welt gesetzt haben, dass Wagner rechtskräftig zum Tode verurteilt worden sei. Eine freche Lüge. Wagner war nie von einem sächsischen Gericht verurteilt worden.

Deutscher Krieg

Das Jahr 1866 rückte heran. Wieder einmal stand Sachsen vor einer wichtigen Entscheidung. Mit Preußen im Bunde gegen Österreichs Führungsanspruch in Deutschland oder mit Österreich gegen Preußen kämpfen? Alles trieb seit Monaten auf einen deutschen Krieg zu. Bismarcks erklärtes Ziel war, Österreich aus dem Deutschen Bund zu drängen und künftig den Ton in der deutschen Politik in Berlin anzugeben. Sachsen versuchte anfangs neutral zu bleiben. Aber zwischen Österreich und Preußen eingekeilt, kam es um eine Entscheidung nicht umhin. Sie war wieder einmal falsch. Das sollte das Land teuer bezahlen.

Um für künftige Auseinandersetzungen besser vorbereitet zu sein, erklärte Kronprinz Albert der Ersten Kammer in Dresden: »Verkennen wir nicht, es könnten in kurzer Zeit Ereignisse eintreten, wo die Geltung, vielleicht die Selbstständigkeit unseres Vaterlandes von den Taten unserer Armee abhängen könnte, wo man weniger fragen wird nach unseren ausgezeichneten Fabriken und nach unserem trefflichen Ackerbau und unseren guten Gelehrtenanstalten, sondern, wo man fragen wird: Wie haben sich unsere Sachsen geschlagen?« Der Mann wusste, wovon er sprach. Er hatte erste militärische Erfahrungen im Krieg gegen Dänemark in Schleswig gesammelt, gemeinsam 1864 von Preußen und Österreich geführt. Der Kronprinz machte der Kammer klar, dass er Geld für die Verstärkung der sächsischen Armee benötige. Die Herren stimmten – wenn auch ungern – zu. Sachsen begann aufzurüsten. Das missfiel Preußen. Es forderte die Einstellung des Rüstens. König Johann lehnte ab. Er untersagte Preußen den Durchzug seiner Armee durch Sachsen. Der Konflikt eskalierte. Als Sachsen mit Bayern den Schulterschluss suchte, sich eindeutig als Parteigänger Österreichs erklärte, spitzten sich die Feindseligkeiten zu. Preußen trat aus dem Deutschen Bund aus. Es verlangte sogar die Entwaffnung Sachsens. Auch dies lehnte Johann ab. Albert zog sich mit seiner Armee nach Böhmen zurück. Die Erste Preußische Armee rückte am 16. Juni 1866 – wie zuvor in den Schlesischen Kriegen – ungehindert in Sachsen ein und besetzte kampflos das Land. Die königliche Familie flüchtete mit dem Dampfschiff ins böhmische Aussig. König Johann, der so tapfer abgelehnt hatte, setzte sich zu Pferde nach Böhmen ab.

Am 3. Juli 1866 kam es bei der kleinen böhmischen Festung Königgrätz in Böhmen zur Entscheidungsschlacht im Deutschen Krieg. Sie endete mit einer vernichtenden Niederlage Österreichs und Sachsens. Albert sei nach der Niederlage verzweifelt gewesen. Zu seinem Adjutanten soll er gesagt haben: »Ich wollte, ich läge tot auf dem Schlachtfelde.« Große Worte. Sie passten in den vaterländischen Pathos des letzten Drittels des 19. Jahrhunderts. Abends schrieb der preußische Oberbefehlshaber Heinrich Graf von Moltke an seine Frau: Er sei »sehr dafür, die erreichten Erfolge nicht wieder aufs Spiel zu setzen. ...Und das hoffe ich, wenn man nicht Rache, sondern den eigenen Vorteil ins Auge fassen will«. (Der König von Preußen, Wilhelm I., wäre am liebsten weiter nach Pag, nach Wien gestürmt.)

Das Debakel bei Königgrätz leitete eine entscheidende Wende in Deutschland ein. Österreich verließ den Deutschen Bund. Er wurde aufgelöst. Sachsen trat dem von Preußen dominierten Norddeutschen Bund bei. Es verlor nahezu vollständig seine Souveränität und wurde bestraft: Es musste zehn Millionen Taler Kriegsentschädigung an Preußen zahlen. Es hatte dennoch Glück im Unglück. Preußen annektierte nach seinem Sieg das Königreich Hannover. Bekannt ist der Protest: Die Hannoveraner legten Trauerkleidung an. Kurhessen, Nassau und Frankfurt leibte sich Preußen ebenfalls ein. Es hätte sich am liebsten auch mit Sachsen bereichert, wie es zuvor schon Friedrich II. gewollt hatte. Aber das verhinderten wieder einmal Frankreich und Österreich. Ein zu starkes Preußen war ihnen nicht geheuer.

König Johann selbst ließ sich mit seiner Rückkehr nach Dresden viel Zeit. In Wien, wo er sich aufhielt, konnte man gut leben. Erst am 3. Dezember betrat der Wettiner seine Residenz, knapp fünf Monate nach der Niederlage bei Königgrätz. Und es geschah wie schon einst 1815 nach der Rückkehr Friedrich Augusts I. aus preußischer Gefangenschaft: Großer Jubel schlug ihm entgegen und füllte sein Herz. 70 000 Sachsen sollen ihren König gefeiert haben, berichtete die lokale Presse. Die Dresdner schlossen ihren unglücklichen König ins Herz. Dies wird ihn – darf angenommen werden – vielleicht überrascht haben. Denn zuvor hatte er sich wie eine »weggesetzte Katze« gefühlt. Ein angemessener königlicher Vergleich ist das nicht, vielleicht aber ein richtiger.

Sachsens weiterer Weg war vorgezeichnet. Johann: »Mit derselben Treue, mit der ich zu dem alten Bund beigestanden bin, werde ich auch an der neuen Verbindung, in die ich jetzt getreten, halten« (Kretzschmar, H. Die Zeit König Johanns, S. 82).

Die Bestien aushungern

Der deutsch-französiche Krieg 1870/1871 sah Deutschland als Sieger. Napoleon III. wurde gefangen genommen. Ein nationaler Taumel setzte in Germanien ein. »Jeder Stoß ein Franzos.« Zum Sieg hatten auch sächsische Soldaten entscheidend beigetragen. Kronprinz Albert hatte sich besonders hervorgetan. Aber auch sein Bruder Georg hatte das Seine getan. Es kam zu einem großen Akt. In Versailles, im Schloss des Sonnenkönigs Ludwig XIV., wurde der preußische König Wilhelm I. zum deutschen Kaiser ausgerufen – auf den Tag genau 170 Jahre nach der Krönung Friedrichs I. in Königsberg zum »König in Preußen«. Tiefer konnte Frankreich nicht gedemütigt werden. Auf der Kaiserproklamation ließ sich Johann durch seine beiden Söhne, Kronprinz Albert und Prinz Georg, vertreten. Der sächsische König fühlte sich unpässlich.

Während des Akts grollten die deutschen Belagerungsgeschütze vor Paris. Zwar hatte die französische Armee kapituliert, nicht aber die französische Republik. Sie war nach der Niederlage des Heeres ausgerufen worden. Die sächsischen Kontingente waren emsig dabei, den Belagerungsring um Paris enger zu schließen. Albert führte sie an. Die Sachsen erlitten empfindliche Verluste, aber sie drangen mit anderen Verbündeten auf Paris vor.

Der Hass des Kronprinzen Albert auf die Pariser Kommunarden war groß. Er schrieb an seinen Vater Johann: »Ich

Kronprinz Albert, Fürstenzug.

glaube, nur der Hunger kann diese Bestien zähmen. Dazu aber müssen wir helfen: da nun die Versailler (Regierungstruppen) uns nicht dazu auffordern wollen, so habe ich privatim bei M(anteufel) vorgeschlagen, dass wir dies auf unsere Faust tun. An Vorwänden wird es nicht fehlen.« Albert schlug vor, die Stadt auszuhungern.

Nein, der Krieg gegen Frankreich gereicht dem Sieger bei Gravelotte-St. Privat nicht zur Soldatenehre. Als der französische Marschall Mac-Mahon 20 000 Kommunarden erschießen ließ, begrüßte Albert dies ausdrücklich. Es wäre besser gewesen, er hätte geschwiegen. Nach der Kapitulation besetzten die Sachsen Elsass-Lothringen, das vom deutschen Kaiserreich annektiert wurde. Ein verhängnisvoller Fehler, er wird 43 Jahre später zum Ersten Weltkrieg führen. Als Albert – inzwischen zum Feldmarschall ernannt – mit einem Teil der Truppen nach Dresden zurückkehrte, empfing den Franzosenbezwinger ein großer Jubel. Man feierte ihn als Helden eines Krieges, der tausende Sachsen das Leben gekostet hatte.

Hochverratsprozess in Leipzig

Die Verfolgung von Oppositionellen und Kriegsgegnern erreichte im letzten Drittel des 19. Jahrhunderts im Norddeutschen Bund einen neuen Höhepunkt. Sachsen, das über eine starke Industrie verfügte, war zum Zentrum der Sozialdemokratie aufgestiegen. August Bebel und Wilhelm Liebknecht waren dem Dresdner Hof und der Regierung besonders verhasst. Bebel hatte 1870 Kriegskredite abgelehnt und war gegen den Deutsch-Französischen Krieg 1870/71 und gegen die Annexion Elsass-Lothringens aufgetreten. Er war der Auffassung, dass diese Annexion den Grund für einen neuen Krieg lege. Er sollte Recht behalten. Besonders übel nahm man ihm, dass er die Pariser Kommune bejahte. Im nationalistischen Siegestaumel, der die Gründung des Deutschen Kaiserreiches im Versailler Spiegelsaal zur Folge gehabt hatte, wurde ihnen in Sachsen Hochverrat unterstellt. Eine Beschuldigung, die jedes Vorgehen gegen sie rechtfertigen sollte.

Im März 1872 kam es in Leipzig zum Hochverratsprozess gegen Bebel, Liebknecht und Heppner. Sachsen zeichnete sich damit besonders aus: Als erstes Bundesland nach der Reichsgründung ging es gegen Sozialisten vor. Der Prozess wurde als Schauprozess inszeniert. Die Regierung bestellte zum Vorsitzenden des Schwurgerichts den Bautzner Bezirksgerichtsdirektor von Mücke, einen durch und durch konservativen Mann und Sozialistenfeind. Als Geschworene standen ihm sechs Kaufleute, ein Rittergutsbesitzer, ein Oberförster und einige Gutsbesitzer zur Seite.

Der Prozess gegen die Arbeiterführer begann am 11. März. Er erregte weit über Leipzig hinaus großes Aufsehen. Der Verhandlungssaal war ständig überfüllt. Alle großen Zeitungen berichteten. Das Gericht verurteilte Bebel und Liebknecht wegen Hochverrat zu je zwei Jahren Festungshaft, ein dritter Angeklagter kam frei. Nach dem Prozess erklärte Bebel seinen Genossen: »Seien Sie versichert, die erhaltene Strafe macht mich nicht mürbe. Festung und Gefängnis sind nicht die Mittel, mir besseren Begriff über unsere faulen Gesellschaftszustände beizubringen. Die Gesellschaft, die zu solchen Mitteln der ›Belehrung‹ greifen muss, verdient, dass sie aufhört zu existieren.«

Bebel und Liebknecht büßten den größten Teil der Festungshaft auf dem Jagdschloss Hubertusburg ab, die letzten Monate auf dem Königstein. Als sie nach zwei Jahren frei gelassen wurden, hatte die sozialdemokratische Bewegung in Deutschland an Schwung und Gewicht zugelegt. Bebel nahm die politische Arbeit sofort wieder auf. Erneut erfolgte Verhaftung. Die sächsische Justiz bezichtigte ihn der Geheimbündelei. Diesmal erlebte Sachsens Reaktion eine herbe

Enttäuschung: Das gewiss nicht sozialistenfreundliche Berlin verweigerte eine Anklageerhebung.

1878 kam es dann zum Höhepunkt der Verfolgungen. Der preußische Ministerpräsident Otto von Bismarck setzte das Sozialistengesetz durch. Es verbot den Sozialdemokraten und ihrer Partei jede politische Arbeit. In der Anwendung des Sozialistengesetzes erwies sich Sachsen als eifriges Bundesland. Von den 674 verbotenen Vereinen und Druckschriften entfielen allein 164 auf Sachsen, auf das viel größere Preußen 304 und nur 18 auf Bayern, das sich bei Gott nicht liberal verhielt. Sozialdemokraten wurden aus Leipzig ausgewiesen, darunter August Bebel und Wilhelm Liebknecht. Als Bismarck dazu überging, das Sozialistengesetz mit »milder Praxis« anzuwenden, fand das keine Zustimmung im Bundesland Sachsen. Es zeichnete sich weiter durch »staatliche Repressalien, Verweigerung ökonomischen Ausgleichs, von untersagter Meinungsfreiheit, Verneinung des Koalitionsrechts sowie der Ablehnung allgemeiner und direkter

Jagdschloss Hubertusburg, Wermsdorf.

Wahlen« aus. Seinen reaktionären Höhepunkt erreichte Sachsen mit dem neuen Wahlrecht, das nach dem Steueraufkommen gegliedert wurde. Demnach musste ein Sozialdemokrat, der gewählt werden wollte, 52 Stimmen mehr für einen Parlamentssitz erhalten als einer aus der wohlhabenden ersten Klasse.

Krise der Wettiner

Die Geschichte vollführt gelegentlich Eskapaden, die schwer erklärbar sind. Spätestens mit König Albert, dem Militär auf dem Königsthron, wurde deutlich, dass die Wettiner kaum noch die Entwicklungen ihrer Zeit verstanden. Sie fielen als progressive Gestalter der Gesellschaft vollständig aus. Albert waren ausgedehnte Reisen, Manöver und Jagden wichtiger als mühselige Regierungsarbeit. Von der Verwaltung hatte er ohnehin keine Ahnung – die besorgten die von seinem Vater Johann übernommenen Minister. Ins politische Geschehen soll sich Albert kaum eingemischt haben. Dass mit der Industrialisierung ein kräftiges Bürgertum und eine Arbeiterklasse in Sachsen entstanden waren, die politische Rechte beanspruchten, wollte oder konnte der König nicht verstehen. Einer Überzeugung blieb auch er treu: Er hielt an seinem Gottesgnadentum fest. Das war grotesk.

Die Sachsen liebten und huldigten Albert wie kaum einen anderen König zuvor. Brücken, Schulen, Lehranstalten, Museen, Straßen wurden landauf und landab nach ihm benannt. Dass dies sehr oft geschah, kann man heute wieder voller Freude feststellen. Seine Geburtstage wurden mit großer Anteilnahme gefeiert. Sachsen verbeugte sich vor ihm, als das Haus Wettin 1889 auf eine achthundertjährige Geschichte zurückblickte. Der Landtag spendierte zur Jubelfeier eigens drei Millionen Mark. Weitere Millionen ermöglichten die Sanierung, Umgestaltung und Erweiterung des Dresdner Schlosses mit dem Südflügel, das einer herunter-

Göltzschtalbrücke im Vogtland.

gekommenen Kaserne geglichen hatte. Albert bedankte sich bei seinen lieben Sachsen, indem er eine höhere Apanage forderte. Und er erhielt sie. Nach seinem Tod weinte Sachsen, es weinte zweimal. Einmal aus Anteilnahme, das zweite Mal aus Zorn. Sein Bruder Georg der Grämige, ein Greis, bestieg 1902 den Thron. Er war 79 Jahre alt und hörte schwer. Er teilte seinen lieben Sachsen mit: »Nachdem ich so lange gewartet habe, bin ich doch ans Ziel gelangt.«

Crimmitschauer Streik

Crimmitschau an der Pleiße, unweit von Zwickau in Westsachsen, im August 1903. Im sächsischen Textilzentrum herrschte Aufregung. Die schlecht bezahlten Arbeiterinnen und Arbeiter waren nicht mehr bereit, für einen Hungerlohn zu arbeiten. Damit konnten sie kaum ihren Lebensunterhalt bestreiten. Gerade mal 23 000 Einwohner zählte die Stadt, aber sie beherbergte 13 Millionäre. Die Fabrikarbeiter legten die Arbeit nieder. Ihnen schlossen sich etwa 1 500 Heimarbeiter an. Sie verlangten einen 10-Stunden-Arbeitstag und zehn Prozent mehr Lohn. Die Fabrikbesitzer lehnten ab, drohten mit Entlassungen und forderten zur Arbeit auf.

All das nutzte ihnen nichts. Von Tag zu Tag breitete sich der Streik weiter aus, 4 000, 5 000, 10 000 traten in den Ausstand. 79 Betriebe wurden vom September bis Januar bestreikt. Sachsen, ja Deutschland, erlebte den größten Streik seiner neueren Geschichte. Trotz Zensur berichtete die Presse deutschlandweit. In Sachsen, aber auch in anderen Bundesländern, setzte eine Welle der Solidarität ein. Vor allem Arbeiter schauten nach Crimmitschau. Geldspenden flossen in die Streikkasse, über eine Million Mark, Lebensmittel- und Sachspenden kamen hinzu.

Die Gegner des Streiks erfanden Lügen. Dreist behaupteten sie im Sächsischen Landtag, dass ein Textilarbeiter in Crimmitschau 3 000 Mark im Jahr verdiene. In Wirklichkeit lag der Lohn bei zehn bis zwölf Mark die Woche, also 520 bis 624 Mark. Die sächsische Regierung erschrak vor der Wucht der Streiks. Sie begriff nicht, dass im hoch industrialisierten Sachsen eine Klasse entstanden war, die bereit war gegen Not und Ausbeutung zu kämpfen. Die Regierung tat sich mit den Fabrikbesitzern zusammen und verhängte am 4. Dezember 1903 den Kleinen Belagerungszustand. Das Vereins-, Versammlungs- und Koalitionsrecht wurde in Crimmitschau aufgehoben, zusätzliche Polizei in die Stadt geschickt. So wurde der Streik, in dem es um soziale Probleme ging, zu einem politischen Ereignis. August Bebel, Vorsitzender der SPD und populärer Arbeiterführer, geißelte im Reichstag die schamlose Ausbeutung. Er bezeichnete Sachsen als »Musterland der Reaktion«. Damit erregte er großes Aufsehen.

22 Wochen lang streikten die Crimmitschauer. Im Januar 1904 gaben sie auf. Die habgierigen Fabrikbesitzer hatten gesiegt. Sie lehnten alle Forderungen der Arbeiter ab. Damit wurde klar, dass sie nicht bereit waren, auf überhohe Profite zu verzichten und sich am sozialen Frieden zu beteiligen. Sie konnten sicher sein, dass ihnen die sächsische Regierung dabei auch weiter behilflich sein würde. Die Regierung in

Sachsen zahlte den Crimmitschauer Fabrikbesitzern sogar den Profitausfall und erteilte ihnen Aufträge, Uniformen für die wachsende Armee zu liefern. Die Arbeiter hingegen gingen leer aus.

Die Industriellen zogen eine Lehre aus dem Streik. Sie schlossen sich zum »Verband sächsischer Unternehmer« zusammen, um künftig einheitlicher und schneller gegen Gewerkschaften und Streiks vorzugehen. Dennoch konnten sie nicht verhindern, dass es in Sachsen immer häufiger zu Streiks kam: 1906 mit 24 250 und 1912 mit 27 064 Teilnehmern.

Skandal im Königshaus

1902 kam es in Dresden zu einem Skandal. Luise, die Frau des späteren Königs Friedrich Augusts III., hatte ihn und ihre gemeinsamen sechs Kinder nach elf Ehejahren verlassen. Das war ein unerhörtes Ereignis. Eine Frau verließ einen Thronfolger nicht, mag kommen, was wollte. Sie hatte dynastische Pflichten zu erfüllen. Schließlich war sie auch noch katholisch. An den europäischen Höfen schäumte bald der Klatsch. Und die Presse zelebrierte genüsslich den Fall - freilich nicht in Sachsen. Hier wurde diktatorisch Zensur ausgeübt, geschwiegen, gelogen. Wer sich der Zensur widersetzte, wurde bestraft. Da gab es im gemütlichen Sachsen kein Pardon. Die Liberalen - und Luise galt als eine, die ihnen nahe stand – waren dem Hause Wettin und der Regierung ein Gräuel. Sie fürchteten sie mehr als der Teufel das Weihwasser. 1904 reiste Luise von Toscana, der untersagt worden war, ihren Kindern Geschenke zu schicken, von Florenz nach Sachsen. Sie wollte ihre Kinder sehen. Ihre Ankunft wird unerwünscht sein.

Rückblende: Ein Verhältnis mit dem Sprachlehrer ihrer Kinder wurde Luise unterstellt. Am Hof hieß es, sie mache ihm »schöne Augen«. Jedenfalls nutzte sie einen Aufenthalt in Salzburg zur Flucht. Sie sei dem Wettiner durchgebrannt, spottete es an den Höfen. Nach elf Jahren Ehe und der Geburt der vielen Kinder. Und wieder schwanger. Der Dresdner Hof wusste sich zu helfen. Er gab bekannt, dass Luise geistig verwirrt sei. Dies wird den greisen und starrsinnigen König Georg, der mit den Entwicklungen in Sachsen nichts mehr anzufangen wusste, zu sagen verleiten, »daß dem unendlich Schmerzlichen, das über uns hereingebrochen ist, lediglich die unbändige Leidenschaft einer schon lange im stillen tief gefallenen Frau zugrunde liegt«. Es wäre besser gewesen, er hätte geschwiegen, der bigotte, engstirnige Wettiner.

Fest steht: Ihr drohte in Sachsen die Einweisung in eine geschlossene Anstalt. Von Dresden aus gab es Versuche, sie zurückzuholen, sie gar gewaltsam nach Dresden zu zwingen. Das führte zu diplomatischen Verwicklungen. Die Schweiz, die Luise Aufenthalt gewährte, protestierte. Dresdner Hof und Regierung ließen anfangs die Öffentlichkeit wissen, dass sie nach der Genesung von ihrer Krankheit ins Königreich »zurückkehren« werde. Als alle Versuche, sie zur Rückkehr zu bewegen, scheiterten, geschah etwas Hässliches. Sachsen beantragte einen internationalen Haftbefehl. Zur Begründung hieß es, sie habe Kronjuwelen gestohlen und dem Gatten ein Kind entzogen (das sie noch nicht geboren hatte). Das wurde kaum geglaubt. Es hagelte wieder Spott. Dennoch hoffte Luise jetzt, im Jahr 1904, auf sachliche Aufnahme. Sie fuhr mit dem Zug nach Sachsen. Sie besaß einen sächsischen Pass, war die Frau des Königs. Das Betreten des Landes konnte ihr nicht verweigert werden. Das Königreich hatte ihr sogar den Titel einer »Gräfin Montignoso« zuerkannt.

Ihre Reise nach Dresden begründet sie in ihren Memoiren. Sie wollte ihre »geliebten Kinder« wiedersehen, »da kein Gesetz der Welt einer Mutter dieses Recht verwehren kann«. In Leipzig unterbrach sie ihre Reise. Dort suchte sie ihren Rechtsanwalt auf. Sie rechnete mit seiner Verschwiegenheit.

Sie irrte sich. Dem Mann war die Ankunft Luises wahrscheinlich suspekt. Er soll das sächsische Innenministerium informiert haben. Aber ganz sicher ist das nicht. Es können auch andere gewesen sein. Jedenfalls konnten sich die Herren in Dresden auf ihre Ankunft einstellen und Gegenmaßnahmen vorbereiten. Sie mussten schnell und ohne viel Aufsehen handeln, am besten den König aus allem heraushalten. Denn die Ankunft Luises konnte zu einer unangenehmen, ja gefährlichen Angelegenheit eskalieren.

Die Sachsen, vor allem die Hauptstädter, liebten ihre Luise und bedauerten den verlassenen Friedrich August. Ein König ohne Frau, ein Land ohne Landesmutter, das war ein Trauerspiel. Statt Luise ritt die ungeliebte Schwester Mathilde an der Seite Friedrich Augusts aus, eine rechthaberische Dame, die sitzengeblieben war. Vielleicht verachtete sie deshalb die Männer. Das Volk war sich einig. Sie und Georg, der schon zu Lebzeiten als der Grämliche bezeichnet wurde, waren an allem Schuld. Sie hatten die fröhliche Luise, die mit ihren Kindern balgte und mit dem Fahrrad durch Dresden fuhr, im spanischen Zeremoniell erstickt, ihr die Luft zum Atmen genommen, ihre Frohnatur erdrosselt. Eine sensible Frau wie Luise konnte es an diesem Hof nicht aushalten.

Als der vergreiste Georg starb, gingen Tausende Bittbriefe für Luise ein. Luisenvereine schossen wie Pilze aus dem Waldboden. Luises Bildnis wurde zu Tausenden verkauft. Ein regelrechter Kult kam auf. Über Stammtischen und in Vereinsstuben lächelte Luises Portrait. Die Sachsen wollten ihre Luise wieder haben, um sie verehren zu können. Zurückkehren sollte sie, in die Arme nehmen sollte sie wieder der irregeführte König. Mathilde und Georg hatten sie ihm vergrämt. Und er, schwach wie er war, hatte sich nicht vor sie gestellt. Deshalb war sie davon gelaufen. Jetzt war er König, jetzt war er frei, jetzt konnte er entscheiden und bestimmen. Außerdem war die Ehe noch nicht vollends geschieden, nur standesamtlich. Der Heilige Stuhl hatte eine Trennung verweigert.

Einen Dämpfer erhielt die Luisenverehrung, als bekannt wurde, dass sich Friedrich August »dem König Georg gegenüber mit feierlichem fürstlichem Ehrenwort verpflichtet hatte, niemals wieder seine geschiedene Gemahlin zu ehelichen, und dieses feierliche Versprechen (war) seinerzeit vor dem Gesamtministerium zu Protokoll gebracht worden.«

Südflügel des Dresdner Schlosses.

Das ist eine ungewöhnliche Verpflichtung. Offenbar fürchtete der Hof, dass dies passieren könnte. Selbst Friedrich Augusts Erklärung im »Dresdner Journal« am 26. Oktober 1904 »dass er für alle Zeiten jede Annäherung von jener Seite weit von sich weise« wurde nicht geglaubt. Luise, die von den Sympathiebekundungen sicher wusste, durfte mit gewissen Hoffnungen nach Dresden reisen. Ihre Kinder werde sie gewiss sehen können und ein Gespräch mit dem König war zu erwarten. Ob sie an einer Wiederaufnahme ehelicher Beziehungen interessiert war, ist nicht bekannt. Sie selbst verneint es in ihren Memoiren.

Sie reiste inkognito nach Dresden. Und sie hatte einen guten Zeitpunkt gewählt. Es war zwei Tage vor Weihnachten. Das große Fest des Friedens stand bevor. Die Menschen waren milde gestimmt, bestimmt auch der König, der Hof, die Militärs. Die Stadt war festlich geschmückt. Luise kam am frühen Morgen in der Residenz an. »Es war kalt und neblig und die Sonne hing in dem winterlichen Nebel wie ein Feuerball.« Ein überwältigendes Gefühl überkam sie, als sie über die Augustusbrücke fuhr. Das Schloss stand vor ihr, neu und groß. Es war zur 800-Jahr-Feier der Wettiner herausgeputzt worden. Dort, hinter den Mauern und Giebeln, lebten ihre Kinder, dort würde es mit dem König ein Wiedersehen geben, mag sie gedacht haben. In einem Parfümeriegeschäft erfuhr sie, wo ihre Kinder im Schloss wohnten. Und sie erlebte Verehrung: »Unsere Luisa ist wieder da.« Schnell verbreitete sich diese Nachricht in der Stadt. Sie ließ den schweren Kreppschleier herab und begab sich zum Schloss.

Am Haupteingang wurde ihr der Eintritt verwehrt. Sie eilte zu einem Nebeneingang. Dort stellten sich ihr Herren entgegen. Sie nahmen sie fest und befahlen ihr, ins Hotel Bellevue zurückzukehren. Dort würde sie erwartet. Sie begriff – wie sie schreibt – dass jeder Widerstand zwecklos war. Im Hotel erschien der Polizeipräsident. Er machte ihr klar, dass sie Dresden umgehend zu verlassen habe. Ihre Hoffnung, den König wiederzusehen, zerrann sehr schnell. Er befand sich an diesem Tag nicht in Dresden, sondern war in den Pillnitzer Revieren auf Jagd. Offensichtlich war dies so arrangiert worden, damit es zu keiner Begegnung kommen konnte. Ein General sorgte dafür, dass sie in den Leipziger Zug gesetzt wurde und von dort nach Frankfurt zurückreiste. So endete ihr Versuch mit einer Zurückweisung.

Ganz unbekannt blieb ihre Ankunft und Abfahrt in Dresden nicht. Das Dresdner »Journal« vermerkte am 9. Januar, dass Luise keine »bindende Zusage auf Rückkehr erhalten« habe.

Warum dieser vorweihnachtliche Skandal, der etwas Brutales hatte? Friedrich August zeichnete sich nicht durch Entscheidungsfreudigkeit aus. Er hatte zwar bei Regierungsantritt versprochen »des Volkes Wohl zu fördern«, aber tatsächlich ließ er alles beim Alten. Dem Landtag teilte er mit »die Regierung im Geiste des Verewigten fortzuführen«, also im Geiste des greisen, senilen Georgs. Damit enttäuschte er die Hoffnungen vieler Sachsen. Und als er gar den verhassten Innenminister Metzsch-Reichenbach im Amt behielt, gab es Protest, auch Verzweiflung. Der Minister hatte sich in seinen 13 Jahren als erzkonservativ und reaktionär erwiesen. Das Land wurde von Unruhen und Streiks erschüttert, deren Ursachen Hof und Regierung nicht begriffen. Friedrich August galt als leicht beeinflussbar. Das Gesamtministerium fürchtete, Einfluss einzubüßen. Luise »vertrat liberale Auffassungen«, schreibt Walter Fellmann. Ihre Rückkehr musste mit aller Macht verhindert werden. Metzsch-Reichenbach hatte gegen sie den internationalen Haftbefehl unterschrieben. Nicht auszudenken, wenn sie zurückkehre.

Der vorweihnachtliche Besuch blieb nicht ohne Ergebnis. Eine Aussöhnung war nun nicht mehr möglich, der Bruch war endgültig. Nach langen Verhandlungen stimmte Luise Friedrich Augusts Forderung zu, ihre Tochter Monika dem Vater zu übergeben. Und: Sie willigte in eine Aberkennung der sächsischen Staatsangehörigkeit ein und verpflichtete sich, nie wieder Sachsen zu betreten. Ihre Einsicht wurde ihr mit einer Leibrente von 40 000 Mark vergolten. Die große Schar ihrer Verehrer wandte sich allmählich von ihr ab, enttäuscht, dass sie nun nie mehr Königin werden kann. Friedrich August III. heiratete nicht wieder. Eines – so heißt es aus engstem Kreis – duldete er nicht: abfällige Worte über Luise. Das allerdings war wirklich sehr wenig, was er für seine geschiedene Frau tat.

Das Ende der Herrschaft

Das Ende der wettinischen Herrschaft kam 1918. Sie hatte seit langem ihre gestaltende Kraft verloren. Die Zivilliste, also die Zahlungen des Landes aus Steueraufkommen an die Wettiner, war ständig erhöht worden, ohne dass dafür eine Gegenleistung erbracht wurde. Die Wettiner lebten auf Kosten der Sachsen. Der Landtag hatte 1874 Albert 2 850 000 Mark zugebilligt und 1892 noch einmal 202 300. Der senile Georg hatte gleich bei Regierungsantritt 1902 mehr Geld gefordert, etwa 500 000 mehr als zuvor, und schließlich in aller Heimlichkeit erhalten. Der Landtag fürchtete sich, dies öffentlich bekannt zu geben. Am Hof selbst war der Tagesablauf genau vorgeschrieben. Ein Spötter schrieb: »Wer ein Freund von Schwitzen und Langeweile ist, dem rate ich, unsere Hofbälle zu besuchen, er kann beides an der Quelle haben. ...Ich würde, seit ich dies einmal angesehen habe, einen jeden für meinen Todfeind erklären, welcher mir noch öfter den Eintritt dorthin verschaffen wollte.« Der Schriftsteller Ludwig Renn, adliger Herkunft (Arnold Vieth von Golßenau), Gardeoffizier in Dresden und ein Kenner der Verhältnisse, ließ einen Major in seinem Buch »Adel im Untergang« sagen: »Denn wir leben zum Teil von dieser Tradition. Wir... sind ja selbst ein bisschen überflüssig geworden – ich meine wir, der Adel. ...Aber bei uns in Sachsen ist die Monarchie doch sicher sinnlos geworden« (S. 175). Hof und Regierung stemmten sich gegen jede Art von Reformen und jede Veränderung des Wahlrechts. Auch Friedrich August III. verweigerte – wie seine Vorgänger – den Sachsen lange Zeit das allgemeine, gleiche und direkte Wahlrecht, das ihm »ein staatsfeindliches Recht« war.

1905 forderten 80 000 Dresdner ein neues Wahlrecht. Die Antwort aus Schloss und Regierung: 26 Personen wurden im Januar 1906 zu insgesamt 19 Jahren, elf Monaten und 37 Wochen Haft verurteilt. Im Mai 1909 trat endlich ein neues, sehr kompliziertes Wahlrecht in Kraft. Es war eines der rückständigsten in Deutschland. Friedrich August III. war weder fähig noch willens zu erkennen, dass neue gestaltungswillige Kräfte an die Macht drängten. Der König, der eher eine Zumutung denn ein regierender Fürst war, verstand offenbar nicht im Geringsten, was im Deutschen Kaiserreich vor sich ging. Zwar fehlt es neuerdings nicht an Versuchen, ihn als besonders befähigten Herrscher darzustellen (Frank-Lothar Kroll), in Wirklichkeit »war er gänzlich unfähig, sich von alten Herrschaftsformen und -formeln zu lösen, geschweige denn neue zu prägen« (Lothar Machtan, Die Abdankung, S. 305). In den Reichstagswahlen 1903 hatten die Sozialdemokraten in 22 von 23 sächsischen Wahlkreisen gesiegt. Aber »regierungspolitisch« blieben sie ohne jeden Einfluss. Der Erste Weltkrieg war verloren. Ihm hatte der König fröhlichen Herzens zugestimmt. An Kaiser Wilhelm II. telegrafierte er am 2. August 1914: »Es drängt mich, Dir zu sagen, daß meine Sachsen Dir kriegsbereit zujubeln.« Obwohl Generalfeldmarschall, zog er es vor, in Dresden zu bleiben. Gelegentlich fuhr er im Salonwagen an die Front. Die sächsische Presse wurde angewiesen, den Salonwagen zu unterschlagen.

Das Ergebnis des Krieges ist bekannt: Über 2 037 000 tote Soldaten auf den Schlachtfeldern, Hunger und Not in der Heimat und eine hohe Staatsverschuldung. Am 3. November kam es zum Kieler Matrosenaufstand. Die Matrosen waren nicht mehr bereit, für Kaiser und Vaterland zu sterben. Friedrich August ritt an diesem Tag - wie gewohnt - in die Dresdner Heide und verbrachte die Wochenenden auf Schloss Pillnitz. In der Fliegerkaserne im sächsischen Großenhain wurde am 6. November der erste Soldatenrat gewählt. Der König fuhr mit seiner Schwester Mathilde wieder in die Heide. Als er zurückkehrte, erfuhr er, dass der bayerische König geflüchtet sei, der Herzog von Braunschweig abgesetzt. Es ist nicht bekannt, ob Friedrich August danach noch einmal in die Heide ausgefahren ist. Er verbot seinem Militär jegliche Anwendung von Waffen. Er soll gesagt haben: »Ich have den Leiten nischt gedahn, und die duhn mir ooch nischt.« Aber dann entschied er sich doch anders.

Am 8. November floh er in einem PKW aus Dresden, nachdem die Königsstandarte vom Auto abgenommen worden war. Manche Historiker meinen: »Er begab sich am Abend des 8. Novembers nach Moritzburg.« Friedrich Augusts Tochter Prinzessin Margarete, die ihren Vater begleitete, teilte mit: »So sind wir still aus dem Schloss gegangen.« Am 10. November wehte die rote Fahne auf dem Dresdner Schloss. Als Friedrich Wilhelm von der Abdankung des Kaisers in Berlin erfuhr, soll er gesagt haben: »Jetzt sind wir der Republik in die Hände gefallen.« Er setzte seine Flucht als Graf Gonsdorf fort. Auf Schloss Guteborn bei Hoyerswerda, damals in Preußen gelegen, verzichtete er am 13. November auf den Thron. Friedrich August setzte seine Flucht in einem als Krankenwagen getarnten Auto ins Schlesische fort. Schloss Sibyllenort bei Breslau, das Albert geerbt hatte, wurde ihm 14 Jahre zur Residenz. Dort zog er ein Resümee seiner Herrschaftszeit, schrieb sein erster Biograf: »Er (Friedrich August) kam zu der klaren Erkenntnis, daß er stets den besten Willen gehabt, seine Pflicht erfüllt habe und an dem schlimmen Ausgang sowie dem Thronverzicht keinerlei Schuld trage.« Er sprach sich also von jeder Verantwortung frei. Einen Tag nach seiner Abdankung schrieb die »Dresdner Volkszeitung« Nr. 266: Unter anderen Verhältnissen »wäre er (Friedrich August) wohl ein biederer Handwerksmeister geworden, als Träger der Krone stand er am falschen Platze.« Aus den freundlichen Darstellungen über die Wettiner ragt ein Urteil heraus. Lothar Machtan schreibt in Die Abdankung: »Dieser Mann war seine Königskrone nicht wert. ...seine Niveaulosigkeit« kann man »mit Fug und Recht eine Zumutung nennen« (Seite 312).

Friedrich August III. war der vierte Wettiner, der es in Krisenzeiten vorzog, zu fliehen. Friedrich Augst I. überließ Sachsen Napoleon und floh nach Prag. Der Kaiser zwang ihn zur Rückkehr. Friedrich August II., der dritte König, floh auf den Königstein, bevor die preußischen Zünd-nadelgewehre den Maiaufstand zusammenschossen. Auch Prinz Johann, der spätere König, setzte sich vor den Preußen ab. Vielleicht muss man noch erwähnen, dass auch der Kurfürst Friedrich August II., der Sohn Augusts des Starken, bei Ausbruch des Siebenjährigen Krieges auf der Festung Königstein Zuflucht suchte. Preußenkönig Friedrich der Große gestattete ihm großzügig, sich nach Warschau abzusetzen. Damit ersparte er sich eine Menge Ärger.

Es ist üblich geworden, den letzten sächsischen »Geenich«, der das Sächsische akzentfrei wie sein Volk sprach, als besonders volksverbunden und jovial darzustellen. Dazu trug nicht unerheblich die Sammlung von Anekdoten »Macht euern Dreck alleene« bei, aus der häufig zitiert wird. Dass Friedrich August III. keine Bedenken kannte, gegen andere vorzugehen, wenn sie seine Auffassung nicht teilten, zeigt das rigorose Handeln gegen seinen Bruder Prinz Max von Sachsen. Er hatte die Besetzung Belgiens 1916 durch deutsche Truppen, wo er als Feldgeistlicher Trost spendete, kritisiert. Das genügte Friedrich August, dem Bruder das geistliche Wirken an der Front zu untersagen und ihn internieren zu lassen. Bis zum Ende des Krieges wurde er in einer Villa in Dresden-Hosterwitz unter Hausarrest gestellt.

Fürstenabfindung

Für den 20. Juni 1926, einen Sonntag, setze die Weimarer Republik einen Volksentscheid zur Fürstenabfindung an. Er war durch ein Volksbegehren erzwungen worden. Deutschland, auch Sachsen, hatte die Chance, ein für allemal gegen die Abfindung der Fürsten zu stimmen. Die Stimmung im Lande war angespannt. Vor allem die Kommunistische Partei Deutschlands, Gewerkschaften und andere progressive Kräfte wollten die totale Enteignung der ehemals regierenden Monarchien. Sie hatten nach ihrem Sturz maßlose Entschädigungen gefordert, insgesamt 2,1 Milliarden Reichsmark. Auch das Haus Wettin, das sich als verarmt darstellte, erhob schnell beträchtliche Ansprüche.

Das Ende der Monarchie in Sachsen war aufregend gewesen. Am 23. November 1918 beschlagnahmte die neue Regierung »alle Besitztümer des vormaligen Königs von Sachsen sowie der Prinzen und Prinzessinnen des vormaligen königlichen Hauses«. Die Regierung stellte am 1. Dezember die Zahlungen (Zivilliste) an Friedrich August ein. Am 11. Dezember protestierte der Exkönig. Er wünschte anfangs von Sachsen 100 000 Mark monatlich für sich und für die Prinzen und Prinzessinnen 10 000 bzw. 3 000 Mark. In einer gedruckten Zusammenstellung erhob er weitere, höhere Ansprüche auf Villen und Rittergüter, Geld und Wertpapiere in Höhe von 12 192 126,28 Mark. Für das Grüne Gewölbe forderte er 9,6 Millionen Mark, 5,5 für die Gemäldegalerie, für das Historische Museum 1 Million, für die Porzellansammlung 900 000, für die Skulpturensammlung 500 000. Für die Prinzessin Mathilde wünschte er 1 923 350 und 2 125 000 für jeden Prinzen.

Das war kühn. Auf die Kunstsammlungen hatte das Haus Wettin nun wahrlich keine Ansprüche mehr. Der Anwalt des Hauses drängte auf Zahlungen. Er behauptete, »...dass der vormalige König und die Mitglieder seiner Familie genötigt sind, zur Betreibung ihres eignen Lebensunterhalts die Hochherzigkeit dritter Personen in Anspruch zu nehmen« (StAD, Wirtschaftsministerium, Staatskanzlei, Nr. 85, Blatt 247 ff). Das war gelogen. Friedrich August war der reichste Mann Sachsens. Das Millionärshandbuch von 1912 schätzte sein Vermögen auf 25 Millionen Mark. Dazu kam der Besitz in Schlesien in Höhe von rund 20 Millionen Mark.

Das sächsische Kabinett zeigte sich gegenüber dem armen Flüchtling großzügig. »Am 30. Mai 1919 erhielten die Wettiner für ihr Privateigentum über 15 Millionen Mark Kapitalien und eine Geldrente von über 260 000 Mark monatlich zugesprochen (ebenda, Nr. 1597, S. 242, Nr. 190, Beschlussprotokoll vom 30.5.1919)«. Diese Entscheidung wurde geheim gehalten. Man fürchtete Proteste. Hunger, Elend herrschten nach dem Ende des Ersten Weltkrieges. Die Arbeitslosigkeit nahm zu. 1924 wurde ein Ausgleichsvertrag zwischen dem Freistaat und den Wettinern geschlossen. Er sicherte dem Familienverein »Haus Wettin Albertinische Linie e.V.« weitere Zahlungen zu. Als die Zahlungen bekannt wurden, kam es in Dresden, Chemnitz und Leipzig zu heftigen Protesten.

Schließlich setzten Parteien, Gewerkschaften und zahlreiche Organisationen einen Volksentscheid gegen die Fürstenabfindung durch. 39,8 Millionen Wahlberechtigte gab es im Reich, auch 39,4 Millionen werden angegeben. Über 15,5 Millionen Wähler nahmen an der Abstimmung teil. Das waren rund 39,3 Prozent der Wähler. 14,6 Millionen lehnten eine Abfindung der Fürsten ab. In Sachsen stimmten 47,3 Prozent der Wahlberechtigten für einen Volksentscheid. In Dresden erhielt der vorgesehene Gesetzentwurf zur Enteignung 205 688 Stimmen. Das entsprach 45,6 Prozent der Wahlberechtigten Sachsen. Aber das Ergebnis reichte nicht. Regierung und Reaktion hatten per Gesetz vorgesorgt. »Nicht die Mehrheit aller sich an der Abstimmung Beteiligten, sondern die Mehrheit aller Wahlberechtigten hätte für die Enteignung stimmen müssen. Alle Stimmenthaltungen wurden so einfach zu Neinstimmen erklärt« (Preußen, Legende und Wirklichkeit, S. 208). Die historische Chance, sich den Forderungen der Fürsten für alle Zeit zu entledigen, wurde verpasst. Das sollte nach dem Beitritt der DDR zur Bundesrepublik in den neuen Bundesländern zum Problem werden.

Das Haus Wettin stellte sich wieder in Sachsen ein und berief sich auf alte Ansprüche, die zum Teil aus der Fürstenabfindung hergeleitet wurden. 1999 erhielten sie 18 000 Kunstgegenstände zurück, von denen der Freistaat zwei

Drittel zurückkaufte. Dafür bezahlte der Freistaat Sachsen inzwischen 23,5 Millionen DM an die Wettiner, 10,9 Millionen DM in bar sowie Immobilien im Wert von 12,6 Millionen DM. Der Freistaat übergab dem vormaligen Königshaus Kunstgegenstände, Gemälde, Porzellane. Einige Porzellane erbrachten in einer Versteigerung in London mehrere Millionen.

Obschon es 1999 den Anschein hatte, dass die Wünsche der Wettiner zufriedenstellend gelöst waren, stellen sie bald darauf neue Forderungen. Dies ermöglichte ihnen eine Klausel im Staatsvertrag, der offenbar miserabel abgefasst worden ist. Die Forderungen stießen auch bei einigen Politikern auf Ablehnung. Dresdens Wirtschaftsbürgermeister Dirk Hilbert: »Die offenbar immer neuen Forderungen der Wettiner sind nicht nur dreist, sondern auch peinlich für den Adel. Der Freistaat und die Landeshauptstadt müssen die besonderen Kulturschätze gegen die sächsischen Königserben vereidigen.« Und die Grünenfraktion im Sächsischen Landtag sieht die »Grenze der Unverfrorenheit« überschritten. »Ihnen (den Wettinern) fehlt jedes Gefühl von Moral und Verantwortung gegenüber Sachsen«, heißt es in einer Mitteilung (DNN vom 18. 4 2008). Die Wettiner erheben Ansprüche auf 139 Gemälde und Porzellane. Sie sollen sich sogar im Grünen Gewölbe auf »Schatzsuche« befinden. Sie werfen dem Freistaat vor, dass er sie unfair behandele und königlichen Besitz verweigere. Das sei »ein unnatürlicher Vorgang«, so Albert Prinz von Sachsen (SZ vom 11./12. September 2010). Maria Emanuel, Markgraf von Meißen, Herzog zu Sachsen, ließ sich gar in einem Interview zu der Behauptung hinreißen: »Ich nehme vielmehr an, dass der Sachse seine Wettiner verstehen wird, da sie nichts anderes wollen, als dass ihnen das zurückgegeben wird, was ihnen nach dem Gesetz zusteht« (SZ vom 25.4.2008). Das Ende des Streits und schließlich eines vernünftigen Ausgleichs ist auch Mitte des Jahres 2014 nicht in Sicht. Es erinnert fast an Gottesgnadentum, wenn Historiker Albert Prinz von Sachsen sagt: »Was wir für Sachsen getan haben, dafür müsste es doch ein Entgegenkommen geben.«

Staatsbegräbnis für den letzten König

Es ist erstaunlich, mit welcher Inbrunst die Sachsen, insbesondere die Dresdner, an Friedrich August III. hingen. Im November 1918 hatte er sich aus Sachsen davon gemacht. Am 18. Februar 1932 war er auf Schloss Sibyllenort, Schlesien, gestorben, im 67. Lebensjahr. Ziemlich vereinsamt. Als letzte Ruhestätte hatte Friedrich August die Kathedrale, die einstige Hofkirche und Begräbnisstätte der katholischen Wettiner, bestimmt. Das wurde ihm gewährt. Der Sarg mit dem Leichnam wurde mit dem Zug aus Breslau nach Dresden gebracht. Der Freistaat richtete ein Begräbnis aus, als sei ein Regierender gestorben.

Die Beisetzung fand am 23. Februar 1932 statt. Es war ein kalter, unfreundlicher Tag. Aber das hinderte die Sachsen nicht, ihrem letzten König ein großartiges Geleit zu geben. Dass er den Freistaat kräftig geschröpft hatte, übersah man großzügig. Ein König ist eben ein König. Und den liebt man auch mit seinen Schwächen. Über eine halbe Million Menschen nahmen am Trauerzug teil. Ein militärisches Ehrengeleit der Reichswehr sorgte für Aufsehen. Die Dienstgebäude der Weimarer Republik in Sachsen trugen Halbmast. Die Regierung, der sächsische Ministerpräsident, Oberbürgermeister und Kommunen erwiesen dem Wettiner die letzte Ehre. Und das knapp anderthalb Jahrzehnte nach seiner Abdankung. Die sozialdemokratische Sächsische Volkszeitung schrieb: »Jede Schicht des Volkes war vertreten, denn der Verstorbene war durch sein Wesen und seine treue Pflichtauffassung zu volkstümlich geworden, als dass ihn nur eine Klasse hätte für sich in Anspruch nehmen können. Wie sehr er noch im Herzen des sächsischen Volkes lebte, das zeigte sich an diesem Tag.« Fellmann stellt fest: »Eine solche Popularität viele Jahre nach seinem Sturz war für den Freistaat wahrlich kein Kompliment« (Könige, S. 222). Es soll noch hinzugefügt werden: Residenzstadt bleibt Residenzstadt, mit und ohne König und meist in gebückter Haltung.

Faschistisches Vorspiel

In Westsachsen fassten die Faschisten zuerst Fuß. Der hochindustrialisierte Freistaat war von Arbeitslosigkeit und Absatzschwierigkeiten geplagt. Der Export war stark eingebrochen. In Zwickau und Plauen fanden die Nazis größeres Gehör. Am 11. Oktober 1921 gründete ein gewisser Fritz Tittmann in Zwickau, eine der führenden Industriestädte des Freistaates, die erste sächsische NSDAP-Ortsgruppe. Es war die vierte außerhalb Bayerns, der Hochburg der Nazis. Tittmann war Schlosser. Er hatte Hitler in München reden gehört. Der Mann hatte ihn begeistert. Tittmann wurde ein glühender Nazi und Judenhasser. Hitler beauftragte ihn als ersten mit der Führung der Landesleitung in Sachsen.

Von Zwickau breiteten sich die faschistischen Sturmabteilungen aus. 1922 entstand in Chemnitz eine NSDAP-Ortsgruppe, 1923 etablierten sich die Nazis in Markneukirchen, Plauen, Freiberg, Leipzig und Colditz. Es kam zu ersten heftigen Zusammenstößen zwischen Kommunisten und SA-Schlägertrupps. Zunehmend interessierten sich Industrielle für die faschistische Bewegung. Spenden begannen auf Nazikonten zu fließen. Einer der Spender, der schnell Kariere machen sollte, war der Plauener Spitzenfabrikant Martin Mutschmann. Sein mittelständisches Unternehmen ging 1930 in Konkurs. Er wurde Tittmanns Stellvertreter und errang das volle Vertrauen Hitlers. 1925 wurde er Gauleiter von Sachsen. Josef Goebbels, Reichsminister für Volksaufklärung und Propaganda, lobte ihn später in seinem Tagebuch als »ordentlichen und brutalen Führer«. Und Mutschmann versprach: »Der Tag der Abrechnung wird kommen, und die Synagogen werden in Rauch aufgehen.« 1933 ernannte ihn Hitler zum Reichsstatthalter. 1935 wurde er Leiter der sächsischen Landesregierung und 1947 in Moskau als Kriegsverbrecher zum Tode verurteilt und hingerichtet.

Im November 1923 kam es zum Hitlerputsch in München. Ziel war, eine Diktatur in Deutschland zu errichten und »die jüdisch-marxistische Brut« in Berlin zu stürzen. Der November-Putsch war dilettantisch vorbereitet. Hitler wurde in einem Hochverratsprozess zu fünf Jahren Festungshaft verurteilt, die NSDAP verboten. Danach nahm der Einfluss der Nazis stark ab. 1925 zählte die NSDAP erst 3 000 Mitglieder. In einem Wahlbündnis, das die Nazis eingingen, erreichte sie in der Reichstagswahl im Dezember 1924 nur noch drei Prozent. Die Zustimmung der Sachsen lag zum Teil über dem Reichsdurchschnitt, in Chemnitz vier Prozent mehr, in Leipzig 1,8, in Dresden 1,4. Die Chance, den geschwächten braunen Spuk hinwegzufegen, wurde verpasst.

Hitler war bereits nach neun Monaten wegen guter Führung entlassen worden. Und wieder tat sich Sachsen hervor. Es hob als eines der ersten Länder das Verbot der NSDAP

Plauen, links das Rathaus.

1925 auf. Die Inflation, Arbeitslosigkeit, Kurzarbeit verschärften die politische und wirtschaftliche Lage in Sachsen. Die Faschisten erhielten wieder mehr Zulauf. Antidemokratische Tendenzen nahmen zu. Es kam zu regelrechten Saal- und Straßenschlachten. Bürger und Parteien waren unfähig, sich entschieden gegen die Nazis zu stellen. Besonders das Kleinbürgertum schien wie gelähmt, sympathisierte mit den Nazis. Schließlich zog die NSDAP in den Sächsischen Landtag (1929 5 Sitze; 1930 14 Sitze; 1930 SPD 32 Sitze, KPD 29 Sitze) und den Reichstag ein. »An dem sensationellen Erfolg der NSDAP bei der Reichstagswahl vom 14. September 1930 mit einem Gewinn von 107 Mandaten war Sachsen mit beteiligt« (R. Groß, Geschichte Sachsens, S. 267). Die SPD errang 143 Sitze und die KPD 77. 1932 berichtet der »Völkische Beobachter«, die führende Zeitung der Nazis, dass die NSDAP in Sachsen 70 000 Mitglieder zähle. Aus dem roten Sachsen, aus dem Lande Robert Blums, August Bebels und Wilhelm Liebknechts, war ein braunes Sachsen geworden, das allzu gern den Versprechungen der Nazis glaubte und auf ihre Demagogie hereinfiel. Ihre elende Behauptung »Die Juden sind unser Unglück« wurde schließlich akzeptiert. Zu den Reichstagswahlen im Juli 1932 erreichte die NSDAP 37,83 Prozent der abgegebenen Stimmen und stellte 230 Reichstagsabgeordnete. Sie war stärkste Fraktion geworden; in Sachsen hatten 37 Prozent die NSDAP gewählt. 14 Abgeordnete zogen in den Sächsischen Landtag ein.

Am 30. Januar 1933 ernannte der Reichspräsident Paul von Hindenburg Hitler zum Reichskanzler. Die Faschisten waren am Ziel. Bereits am 1. Februar 1933 wurde der Reichstag aufgelöst. Die Länder wurden gleichgeschaltet, der föderale Staatsaufbau beseitigt. Ein beispielloser Terror begann. Sämtliche Parteien wurden verboten. Deutschland stand am Beginn einer nationalen Katastrophe. Nur wenige stemmten sich in den nächsten zwölf Jahren gegen das faschistische Regime. Es gehört zu den tragischsten Kapiteln sächsischer Geschichte, dass eine Einheitsfront gegen die wachsende

Gefahr der Faschisten in der zweiten Hälfte der zwanziger Jahre nicht zustande kam. Die führenden politischen Kräfte, die SPD, KPD, aber auch die anderen bürgerlichen Parteien und Gewerkschaften erkannten nicht die Notwendigkeit eines geschlossenen Zusammengehens. Am 10. März erzwangen die Nazis den Rücktritt der sächsischen Regierung, am 31. März wurde der Sächsische Landtag aufgelöst. Josef Mazerath in »Aspekte sächsischer Landesgeschichte, Varianten der Moderne 1868 bis 1952«, S. 79, stellt fest, »...dass bei der Mehrheit der sächsischen Landtagsabgeordneten oder bei der Regierung nicht einmal die Absicht bestand, sich dem Weg in den autoritären Obrigkeitsstaat entgegenzustellen.« Abgeordnete wurden im Ständehaus, dem Sitz des Sächsischen Landtags, wie Hasen gejagt, der SPD-Fraktionsvorsitzende Karl Böchel von SA- und SS-Schlägern »schwer misshandelt«.

»Wir wollen keine Juden schauen«

Sachsen entwickelte sich am schnellsten vom roten Königreich zur braunen Hochburg. »Sowjet-Sachsen«, brüsteten sich die Nazis, gehöre der Vergangenheit an. »...das ›rote Sachsen‹ sei ›braun‹ geworden« (Dresden unterm Hakenkreuz, S. 1). Dies war auch die Folge einer Hysterie. In den Jahren zuvor hatte das bürgerliche Lager vor einer roten Diktatur gewarnt. Ein Bürgerkrieg stehe bevor, hieß es. Bürgerliche Berichte malten ein düsteres Bild des Lebens im Freisaat Sachsen unter sozialistischer Herrschaft: »Gruppen von Arbeitern, in paramilitärischen Brigaden organisiert, würden die Straßen sächsischer Dörfer und Städte unsicher machen, von Bauern und Geschäftsinhabern Lebensmittel erpressen und Geschäftsleute sowie Industrielle terrorisieren« (Ebenda, S. 1).

Die NSDAP wurde stärkste Partei in Sachsen. Einen traurigen Rekord verbuchte die Residenz. Von den Großstädten in Deutschland hatte Dresden die meisten Nazimitglieder. Schon am 27. März 1933 wurde Hitler zum Ehrenbürger der Stadt ernannt; der Theaterplatz erhielt seinen Namen »Adolf-Hitler-Platz«. Sehr schnell wurden alle Parteien und die Gewerkschaft verboten, zuerst die Kommunistische Partei, ihr Vermögen wurde beschlagnahmt, dann die SPD. Jene, die anders dachten, hatten Angst. Sie schwiegen.

Sehr früh wurde der Hass gegen die Juden geschürt. Auf den Schildern der Straßenbahnhaltestellen der Prager Straße war zu lesen: »Wer bei Juden kauft ist ein Volksverräter.« Und in Dresden Plauen - dort wohnten die feineren, begüterten Leute - hieß es in jambischen Versen, wie Victor Klemperer in seinem Tagebuch notierte: »Wir wollen keine Juden schauen/ in unser schönen Vorstadt Plauen.«

Fritz Busch verjagt

Dieser Zwischenfall gehört zu einem der beschämenden Kapitel Dresdens. Am 7. März 1933, nur zwei Tage nach den Reichstagswahlen, besetzten Nazihorden die Dresdner Oper. Sie hatten die Plätze aufgekauft. Fritz Busch, Generalmusikdirektor der Dresdner Staatskapelle und Dirigent, international anerkannt, wurde am Dirigieren des »Rigoletto« gehindert. Die Faschisten vertrieben ihn vom Dirigentenpult. Ministerpräsident Manfred von Killinger war selbst im Opernhaus erschienen, in SA-Uniform, um die Entlassung zu begründen. Sein Vorwurf: Er sei zu juden- und ausländerfreundlich.

Busch war weder Jude noch gehörte er einer politischen Partei an. Er stand in Dresden in hohem Ansehen. All das half ihm nicht. Aus dem Ensemble kam kaum Protest. Man schwieg, sah zu Boden und nahm die Entlassung hin. Hässliches geschah. Ein Brief wurde an Hitler gerichtet. Darin hieß es: »Die Unterzeichneten bitten den Führer, mit allen Mitteln zu verhindern, daß der frühere Generalmusikdi-

Die Dresdner Oper.

rektor Fritz Busch, in welcher Eigenschaft auch immer, an die Dresdner Oper zurückkehre, da er in menschlicher und künstlerischer Beziehung dazu unfähig ist« (zitiert nach Hansjörg Schneider, Dresdner Theater 1933-1945, S. 113). Nur sieben von 40 Künstlern verweigerten die Unterschrift. Fritz Busch emigrierte nach Südamerika. Die Dresdner Nazis waren wieder einmal über Berliner Ziele hinausgeschossen. Dort hätte man sich eine Wiedereinstellung Buschs vorstellen können, zumal es internationale Proteste hagelte.

Bitter enttäuscht schrieb Busch später: »Es war empörend und beschämend, daß ein Ministerpräsident so viele Plattheiten und Lügen in diesem Haus vor Künstlern aussprechen durfte. Ich suchte die Augen der Zwangszuhörer. Viele hatten die Köpfe gesenkt. - Das ist alles nicht wahr - hätte ich rufen sollen, aber ich sagte es nur leise. ...Was sollte man tun, was konnte man tun? In diesen acht Tagen hatte man gelernt, die Zähne zusammenzubeißen« (Ebenda, S. 115). Busch verließ Deutschland. Er kehrte auch nach dem Ende des Zweiten Weltkrieges nicht nach Deutschland zurück. Er starb 1951 in London.

Bücher brennen in Sachsen

Bücher können eine Gefahr sein. Das wussten die Nazis. Sie hielten sich nicht lange damit auf, bestimmte Bücher weiter erscheinen oder ausleihen zu lassen. Vom März bis Oktober 1933 wurden in 70 Städten Bücher verbrannt. Traurig ist, dass Sachsen ganz früh damit begann. »Die Leipziger Volkszeitung« berichtete bereits am 9. Februar 1933, dass in der Stadtbücherei folgende Titel beschlagnahmt wurden. »Das Volksbuch zum Großen Krieg«, Erich Kästner; »Ein Prolet erzählt«, Ludwig Turek; »Vom weißen Kreuz zur roten Fahne«, Max Hoelz; den Welterfolg »Im Westen Nichts Neues«, Erich Maria Remarque; sämtliche Schriften Trotzkis. Was Volksgenossen lesen sollten, stellte die Deutsche Bücherei im Mai aus: Bücher über Freikorps, Wehr- und Naziverbände, Reichswehr. Es waren vor allem Studenten, die anfangs das Verbrennen von Büchern organisierten.

Bereits am 8. März sollen in der Neuen Meißner Straße in Dresden vor einer Volksbuchhandlung die ersten Bücher in Flammen aufgegangen sein. Eine größere Vernichtung von Büchern fand in Dresden am 8. März auf dem Wettiner Platz statt. Dies dokumentiert ein Foto, das in der Sächsischen Landes- und Universitätsbibliothek vorhanden ist. Dort hatte die »Dresdner Volkszeitung« ihren Redaktionssitz. Die Aktion stand unter Polizeischutz. Sie war eine der ersten in Deutschland, wenn nicht die erste überhaupt. In den folgenden Wochen riefen die Studenten der Technischen Universität Dresden und die Hitlerjugend »zum Feldzug gegen jüdische, marxistische, liberalistisch zersetzende Schriften« auf. Die »Aktion wider den deutschen Ungeist« wurde organisiert. Schwarze Listen von missliebigen Autoren wurden aufgestellt. Darauf befanden sich Heinrich Mann, Döblin, Brecht, Büchner, E. Kästner, Ringelnatz, Remarque, Tucholsky, bald Feuchtwanger und viele andere.

Im Mai verbrannten die Faschisten erneut Bücher. Dazu hatte der nationalsozialistische Deutsche Studentenbund der Technischen Universität Dresden aufgerufen. In der Sächsischen Landesbibliothek, der Stadtbibliothek und dem Pädagogischen Institut wurden Abgabestellen für undeutsche Literatur eingerichtet. Als Ort der Verbrennung wurde am 10. Mai der Dresdner Bismarckturm im Ortsteil Räcknitz im Süden Dresden hoch über der Stadt bestimmt. Kämpferische Reden wurden in der Stadt gehalten, bevor es im Fackelschein zum Bismarckturm ging. An der Versammlung nahmen auch Professoren und der Rektor der TU teil. Will Vesper, Obmann des NS-Reichsverbandes Deutscher Schriftsteller, von der Nazipresse als Dichter bezeichnet, beschimpfte das »internationale Judentum«.

Vor dem Turm war ein gewaltiger Scheiterhaufen gestapelt. Daneben lagen Bücherberge, eine Musterauswahl der aus der Stadt zusammengetragenen »zersetzenden, undeutschen oder unsittlichen Schriften« (Dresdner Anzeiger vom 12. Mai 1933). Im Beifall ging die »Notwendigkeit der Reinigung des deutschen Volkskörpers von intellektuellem Schmutz« unter. Voller Inbrunst wurde das Horst-Wessel-Lied, die Hymne der Nazis, gesungen. Dann wurden die Bücher, darunter Weltliteratur, angezündet. Hoch loderte das Feuer über der Stadt, die im milden Tal am Fluss lag.

Bücher brannten auch in Chemnitz vor dem Rathaus, in Plauen, Leipzig. Heinrich Heines prophetische Worte in der Tragödie »Almansor«, im Pariser Exil niedergeschrieben, sollten bald Wahrheit werden: »Das war ein Vorspiel nur, dort, wo man Bücher verbrennt, verbrennt man auch am Ende Menschen.« Mit Büchern, die in Flammen aufgingen, begann die Naziherrschaft, in Flammen sollte das Dritte Reich untergehen. Es tut weh, dass Dresden so früh dabei war, dass die Buchstadt Leipzig dazu gehörte.

»Entartete Kunst«

Im September 1933 wurde im Lichthof des neuen Dresdner Rathauses die Ausstellung »Entartete Kunst« der Öffentlichkeit gezeigt. Organisator und Beförderer waren der Rektor der Dresdner Kunstakademie Richard Müller, ein frühes Mitglied der NSDAP, der Dresdner Maler Willy Waldapfel, Kunstmaler und Professor an der Dresdner Kunstakademie, und andere Nazis. Ausgestellt wurden 42 Gemälde, zehn Plastiken, 43 Aquarelle und 112 Grafiken. Als undeutsch wurden die Werke der expressionistischen Maler der Brücke verteufelt, darunter Kirchner, Heckel, Bleyl, Rohlfs, Nolde,

Dresdner Rathaus.

Schmidt-Rottluff. Auch Barlach, Lehmbruck, Pechstein und Schwitters wurden verurteilt. Arbeiten der »Dresdner Sezession Gruppe 1919« und der »Assoziation revolutionär bildender Künstler Deutschland« wurden verfemt: Hans Grundig, Dix, Beckmann, Griebel, Felixmüller, Chagall, Feininger, Kandinsky, Klee galten auch als entartet.

Zum Großteil wurden die Werke dem Stadtmuseum und den Staatlichen Kunstsammlungen, die bedeutende Bestände besaßen, entnommen. Das wurde als Säuberung bezeichnet. Einher ging eine wütende Hetzkampagne gegen die Künstler und gegen die moderne Kunst. Auch in Chemnitz wurden Künstler aus den Museen vertrieben. In der Ausstellung »Kunst, die nicht aus unserer Seele kam« wurde die moderne Kunst der Weimarer Republik verteufelt.

Die Dresdner Ausstellung »Entartete Kunst» wurde zwischen 1934 und 1936 in mehreren deutschen Städten gezeigt. Sie war zwar nicht »die erste Femeschau«, aber »der wichtigste Vorläufer der Münchner Propagandaschau«. 1935 kehrt sie noch einmal nach Dresden zurück. Hitler, Göring, Goebbels besuchten die Ausstellung und empfahlen sie anderen Städten. Dresdens Oberbürgermeister Ernst Zörner beschimpfte die Bilder der Künstler: Die Ausstellung sollte zeigen, »in welchen Sumpf von Gemeinheit, Unfähigkeit und krankhafter Entartung die vorher so hohe, reine und edle deutsche Kunst in 15 Jahren bolschewistisch-jüdischer Geistesherrschaft herabgesunken war«.

Die Dresdner Ausstellung wurde in Dortmund, Regensburg, Mainz, Koblenz, Worms, Wiesbaden, Ingolstadt, Darmstadt, Hagen, Frankfurt am Main und München gezeigt, ehe 1937 die große zentrale Schau »Entartete Kunst« in München vorgeführt wurde. In sie wird die Dresdner Ausstellung integriert. Die Ausstellungen fanden in Deutschland großen Zuspruch. Der in die USA emigrierte jüdische Philosoph Ernst Bloch war voller Trauer: »Die sterbende deutsche Kultur, sie hat im Inneren Deutschlands nicht einmal mehr Katakomben zur Verfügung. Nur noch Schreckenskammern, worin sie dem Gespött des Pöbels preisgegeben werden soll; ein Konzentrationslager mit Publikumsbesuch. Das wird toll und immer toller.«

Synagogen in Flammen

Daran sei erinnert, damit es im Gedächtnis bleibt. Der 9. und 10. November 1938 ging als Pogromnacht in die schandvolle Geschichte der Nazis ein, auch als Kristallnacht bezeichnet. Die Synagoge in Chemnitz am Stephansdom wurde unter Gegröl angezündet. Sie war im März 1899 geweiht worden. Die sächsische Staatsregierung wies die jüdische Gemeinde an, die Ruine auf ihre Kosten abzutragen. Sie wurde gezwungen, das Grundstück weit unter Wert zu verkaufen. Die Zwickauer Synagoge wurde von den Nazis gesprengt. Auch diese Barbarei fand Beifall. In Brand gesteckt wurde die Synagoge in Leipzig. Ebenso erging es dem jüdischen Gotteshaus in Dresden. Schaulustige verfolgten das Geschehen. Die von Gottfried Semper, Professor an der Königlichen Akademie, entworfene Synagoge ging in Flammen auf. Als die Feuerwehr herbeieilte, verboten Nazis das Löschen. Was übrig blieb, wurde gesprengt. Ein Teil der Steine fand als Pflaster Verwendung. Wie in Chemnitz, so mussten auch die Dresdner Juden die Ruinenreste auf eigene Kosten beseitigen. Einem Feuerwehrmann gelang es, den Davidstern zu bergen, der erhalten blieb. Aber nicht nur die großen Exzesse trafen die Juden. Oft waren es kleinere stillere Anweisungen voller Niedertracht und Hass, die von großer Verletzung waren. Am 9. Oktober 1936 musste der Romanist Viktor Klemperer, den die Nazis aus der Technischen Universität entfernt hatten, erfahren, dass er als Nichtarier den Lesesaal der sächsischen Landesbibliothek für seine wissenschaftliche Arbeit nicht mehr benutzen dürfe. Das sei ein offizielles Verbot, ließ man ihn wissen.

Die Juden in Sachsen hatten es in den zurückliegenden Jahrhunderten meist schwer. Der Jüdenhof erinnert noch heute daran, dass Dresden sehr früh eine Synagoge besaß (um 1265). In jener Zeit mussten sich die Juden durch Anbringen eines Zeichens erkennbar ausweisen. Das Gebäude wurde zu einem Brauhaus umgebaut. Später wurde es abgerissen, um Platz für den kurfürstlichen Stall zu schaffen.

Mehrere Judenordnungen, die einen gewissen Schutz sichern sollten, blieben wenig wirksam. Die Juden wurden verfolgt, verjagt, ermordet und ausgeplündert. 1349 erreichte die Pest den Meißner Raum. Die Juden wurden beschuldigt, sie eingeschleppt und die Brunnen vergiftet zu haben. In einer Chronik heißt es: »In dem neunundvierzigsten Jahre wurden die Juden gebrannt zur Fastnacht.« Markgraf Friedrich II., der Ernsthafte, ließ die Juden in allen meißnischen und thüringischen Städten töten. Friedrich der Sanftmütige (1428-1464) unterstellte ihnen, dass sie mit den Hussiten, die Sachsen mehrere Male überfallen hatten, paktiert hätten. Er beschuldigte sie der Münzfälschung und Brunnenvergiftung und vertrieb sie aus Sachsen. Kurfürst August (1553-1586) wollte das »verflucht unnütze Volk« in Sachsen nicht dulden. Auch Johann Georg III. untersagte den Juden, sich in Dresden anzusiedeln. Erst ab 1772 durften sie eigene Betträume in Häusern einrichten. Sie blieben aber bis zur Napoleonzeit Menschen zweiter Klasse. Sie durften kein Bürgerrecht erwerben, keinen Grund und Boden kaufen, waren von gewissen Berufen ausgeschlossen. 1873 gestattete der Dresdner Rat den Juden, ein Grundstück zu erwerben. Darauf entstand die Synagoge, die in Feuer und Gebrüll unterging. Gesichert ist die Zahl der jüdischen Bewohner in Dresden. Im Stadtlexikon heißt es: »Von den etwa 6 000 J. Anfang 1933 lebten im Mai 1945 nur noch zwölf in Dresden.« Die Nazis, von niemandem gehindert, hatten gründliche Arbeit geleistet.

Vom Ende zur Wende

Der Philosoph Ernst Bloch behielt Recht. »Es wurde toller.« Deutschland versank in Sieg Heil, »totalen Krieg« und Zerstörung. Das Dritte Reich kapitulierte bedingungslos am 8. Mai 1945, der Kalte Krieg begann. 1952 wurde die nach dem Zweiten Weltkrieg wieder aufgenommene Länderstruktur in der DDR abgeschafft und in Sachsen durch drei Bezirke ersetzt. Das Land Sachsen war Geschichte.

Der Versuch, im Osten Deutschlands eine Gesellschaft ohne die Dominanz des Kapitals und der Großindustrie aufzubauen, mündete früh in die Parteidiktatur der SED, die 1989/1990 ihr Ende fand. Der real existierende Sozialismus, der Übergang vom Kapitalismus zum Sozialismus, den Heerscharen von Gesellschaftswissenschaftlern als objektiven Prozess bezeichnet hatten, erwies sich als Irrtum. Cola trinkende Familienväter, die auf Straßen und Plätzen der sächsischen Städte die Colabüchsen wie eine Trophäe in den Händen hielten und auf und ab spazierten, erwarteten »blühende Landschaften« und reich gefüllte Schüsseln. Als der Kahlschlag der ostdeutschen Wirtschaft galoppierte und die größte Enteignungsaktion der Treuhand rollte, begann das Zähneklappern. Das hatten die Sachsen nicht erwartet, weil die meisten übersehen hatten, dass die Einheit Deutschlands als Anschluss an die Bundesrepublik und ihr Rechts- und Wertesystem zustande gekommen war.

Sachsen gab sich seine alte Struktur zurück. Es nannte sich wieder Freistaat. Das Land wurde dem föderalen System der Bundesrepublik hinzugefügt. Die Regierungsgebäude in Dresden rechts der Elbe erhielten die Königskrone zurück, die das Bürgertum nach 1918 frech und hoffnungsvoll entfernt hatte. Das Ganze wurde von Denkmalpflegern, Politikern und Hofbäckern plausibel erklärt: Es sei Pflicht, die historische Authentizität der Gebäude wieder herzustellen. Die Wettiner stellten sich in Sachsen ein, hielten Umarmungsreden und wollten geliebt und verehrt werden. Schon bald forderten sie Land, Wälder, Gebäude, Schmuck, Porzellane und Gemälde zurück, die sich gut in London verkaufen ließen. Leider seien sie dazu gezwungen, denn sie seien arm. Auf die Kunstgegenstände - so behaupteten sie - hätten sie einen alt verbrieften Anspruch. Eigentum zurückverlangen sei nicht ehrenrührig. Inzwischen hat sich die Finanz- und Wirtschaftskrise über den Globus gewälzt. Das endgültige Ergebnis ist noch offen. Und es geschieht - wie immer in unsicheren Zeiten - eine starke Besinnung auf die Vergangenheit, die permanent verklärt wird. Zukunftsträchtig ist das nicht.

Gesamtministerium in Dresden.